Criminology and Sociolegal Studies/
Criminologie et études socio-juridiques

Sujets traduits sur les concepts clés de la criminologie

TCHEKIRINE

DEDICATION

"For my readers, who breathe life into these pages.
For every reader who finds a piece of themselves within these chapters."

"Pour mes lecteurs, qui insufflent la vie à ces pages. Pour chaque lecteur qui tr
ouve une partie de lui-même dans ces chapitres."

CONTENTS
Table des matières

1 Introduction To Criminology

Study of Crime and Criminal Behavior

The study of crime and criminal behavior is a multifaceted field that encompasses the definition of crime, the formation of laws, and the academic discipline known as criminology. This article explores these concepts, theories of crime causation, methodologies employed by criminologists, and the intricate relationship between crime, media, and modern politics.

The Concept of Crime

Crime is generally defined as an act or the commission of an act that is forbidden or punishable by law. It varies across cultures and legal systems but typically includes behaviors that harm individuals or society. Understanding crime involves examining its social context, legal definitions, and the moral implications associated with criminal behavior.

The Process of Law Formation

The formation of laws is a dynamic process influenced by various factors including social norms, political agendas, and public opinion. Laws are created through legislative processes that involve:

- Proposal: New laws often begin as proposals or bills introduced by legislators.

- Debate: Proposed laws are debated in legislative bodies where stakeholders can express their views.

- Approval: Laws must be approved by a majority vote before being enacted.

- Implementation: Once enacted, laws are enforced by law enforcement agencies and interpreted by the judiciary.

This process reflects societal values and priorities, often evolving in response to changing social conditions.

1 Introduction à la Criminologie

Étude du Crime et du Comportement Criminel

L'étude du crime et du comportement criminel est un domaine multidisciplinaire qui englobe la définition du crime, la formation des lois et la discipline académique connue sous le nom de criminologie. Cet article explore ces concepts, les théories de la causation du crime, les méthodologies employées par les criminologues, ainsi que la relation complexe entre le crime, les médias et la politique moderne.

Le Concept de Crime

Le crime est généralement défini comme un acte ou la commission d'un acte interdit ou punissable par la loi. Il varie d'une culture à l'autre et d'un système juridique à l'autre, mais inclut généralement des comportements qui nuisent aux individus ou à la société. Comprendre le crime implique d'examiner son contexte social, ses définitions légales et les implications morales associées au comportement criminel.

Le Processus de Formation des Lois

La formation des lois est un processus dynamique influencé par divers facteurs, notamment les normes sociales, les agendas politiques et l'opinion publique. Les lois sont créées à travers des processus législatifs qui impliquent :

- **Proposition:** Les nouvelles lois commencent souvent sous forme de propositions ou de projets de loi introduits par les législateurs.
- **Débat:** Les projets de loi proposés sont débattus dans les instances législatives où les parties prenantes peuvent exprimer leurs opinions.
- **Approbation:** Les lois doivent être approuvées par un vote majoritaire avant d'être promulguées.
- **Mise en œuvre:** Une fois promulguées, les lois sont appliquées par les agences de maintien de l'ordre et interprétées par la justice.

Ce processus reflète les valeurs et les priorités sociétales, évoluant souvent en réponse aux conditions sociales changeantes.

The Academic Domain of Criminology

Criminology is the scientific study of crime, criminal behavior, and the criminal justice system. It draws from various disciplines including sociology, psychology, law, and anthropology to understand the causes of crime and its effects on society. Key areas within criminology include:

- Theories of Crime Causation: Various theories attempt to explain why individuals commit crimes. These include biological, psychological, sociological, and economic perspectives.

Theories of Crime Causation

- **Biological Theories:** Suggest that genetic and physiological factors may predispose individuals to criminal behavior. These theories explore how biological traits can influence behavior patterns.

- **Psychological Theories:** Focus on individual mental processes and personality traits that may lead to criminality. Factors such as childhood experiences, trauma, and mental health issues are considered.

- **Sociological Theories:** Emphasize the role of social structures and relationships in influencing criminal behavior. Key sociological theories include:

Strain Theory: Proposes that societal pressure can lead individuals to commit crimes as a means to cope with stress or achieve goals.

Social Learning Theory: Suggests that individuals learn criminal behavior through interactions with others.

Social Disorganization Theory: Examines how community characteristics contribute to crime rates.

- **Economic Theories:** Explore how economic conditions such as poverty and inequality can drive individuals toward criminal activities.

Methodologies Used by Criminologists

Criminologists employ various methodologies to study crime, including:

Le Domaine Académique de la Criminologie

La criminologie est l'étude scientifique du crime, du comportement criminel et du système de justice pénale. Elle s'inspire de diverses disciplines, notamment la sociologie, la psychologie, le droit et l'anthropologie, pour comprendre les causes du crime et ses effets sur la société. Les domaines clés de la criminologie comprennent :

Les Théories de la Causation du Crime

Diverses théories tentent d'expliquer pourquoi les individus commettent des crimes. Celles-ci incluent des perspectives biologiques, psychologiques, sociologiques et économiques.

- **Théories Biologiques:** Suggèrent que des facteurs génétiques et physiologiques peuvent prédisposer les individus au comportement criminel. Ces théories explorent comment les traits biologiques peuvent influencer les modèles de comportement.
- **Théories Psychologiques:** Se concentrent sur les processus mentaux individuels et les traits de personnalité qui peuvent conduire à la criminalité. Des facteurs tels que les expériences de l'enfance, les traumatismes et les problèmes de santé mentale sont pris en compte.
- **Théories Sociologiques:** Mettent l'accent sur le rôle des structures sociales et des relations dans l'influence du comportement criminel. Les principales théories sociologiques comprennent :

- **Théorie de la Tension:** Propose que la pression sociale peut amener les individus à commettre des crimes comme moyen de faire face au stress ou d'atteindre des objectifs.

- **Théorie de l'Apprentissage Social:** Suggère que les individus apprennent le comportement criminel par le biais d'interactions avec les autres.

- **Théorie de la Désorganisation Sociale:** Examine comment les caractéristiques communautaires contribuent aux taux de criminalité.

- **Théories Économiques:** Explorent comment les conditions économiques telles que la pauvreté et les inégalités peuvent pousser les individus vers des activités criminelles.

Méthodologies Utilisées par les Criminologues

Les criminologues utilisent diverses méthodologies pour étudier le crime, notamment :

11

- Quantitative Research: Utilizes statistical analysis to identify trends in crime rates and demographics.

- Qualitative Research: Involves interviews and case studies to gain insights into individual experiences and motivations behind criminal behavior.

- Field Studies: Observational studies conducted in natural settings to understand crime in context.

These methodologies help criminologists formulate theories and develop effective crime prevention strategies.

The Complex Relationship Between Crime, Media, and Modern Politics

The interplay between crime, media representation, and political discourse significantly shapes public perception of crime. Media coverage often sensationalizes criminal events, which can lead to heightened fear among the public and influence policy decisions. Key aspects include:

- Media Influence: News outlets play a critical role in shaping narratives around crime, often focusing on violent crimes while neglecting systemic issues such as poverty or inequality.

- Political Response: Politicians may leverage public fear of crime to justify stricter laws or increased funding for law enforcement. This can lead to policies that prioritize punitive measures over rehabilitation or prevention.

- Public Perception: Media portrayals can distort public understanding of crime rates and types, leading to misconceptions about safety and criminality within communities.

Conclusion

The study of crime and criminal behavior is essential for understanding societal dynamics and developing effective responses to criminal activity. By examining the definitions of crime, law formation processes, causation theories, research methodologies, and the influence of media and politics, we gain valuable insights into the complexities surrounding criminal behavior. This knowledge not only informs policy but also fosters a more nuanced understanding of justice in contemporary society.

- **Recherche Quantitative:** Utilise l'analyse statistique pour identifier les tendances dans les taux de criminalité et la démographie.
- **Recherche Qualitative:** Implique des entretiens et des études de cas pour acquérir des connaissances sur les expériences individuelles et les motivations derrière le comportement criminel.
- **Études de terrain:** Études observationnelles menées dans des contextes naturels pour comprendre le crime dans son contexte.

Ces méthodologies aident les criminologues à formuler des théories et à développer des stratégies efficaces de prévention du crime.

La Relation Complexe entre le Crime, les Médias et la Politique Moderne

L'interaction entre le crime, la représentation médiatique et le discours politique façonne considérablement la perception publique du crime. La couverture médiatique sensationnalise souvent les événements criminels, ce qui peut entraîner une peur accrue parmi le public et influencer les décisions politiques. Les aspects clés incluent :

- **Influence des Médias:** Les médias jouent un rôle crucial dans la construction de récits autour du crime, en se concentrant souvent sur les crimes violents tout en négligeant les problèmes systémiques tels que la pauvreté ou les inégalités.
- **Réponse Politique:** Les politiciens peuvent exploiter la peur du crime du public pour justifier des lois plus strictes ou un financement accru pour l'application de la loi. Cela peut conduire à des politiques qui privilégient les mesures punitives par rapport à la réhabilitation ou à la prévention.
- **Perception Publique:** Les représentations médiatiques peuvent fausser la compréhension du public des taux de criminalité et des types de crimes, conduisant à des idées fausses sur la sécurité et la criminalité au sein des communautés.

Conclusion

L'étude du crime et du comportement criminel est essentielle pour comprendre la dynamique sociale et développer des réponses efficaces à l'activité criminelle. En examinant les définitions du crime, les processus de formation des lois, les théories de la causation, les méthodologies de recherche et l'influence des médias et de la politique, nous acquérons des connaissances précieuses sur les complexités entourant le comportement criminel. Ces connaissances non seulement informent les politiques mais favorisent également une compréhension plus nuancée de la justice dans la société contemporaine.

2 Inequality and Criminal Justice

Intersections Between Social Inequality and the Criminal Justice System

The relationship between social inequality and the criminal justice system is complex and multifaceted. Various factors such as race, ethnicity, gender, sexual orientation, and religion significantly influence both perceptions of crime and experiences within the justice system. This article explores these intersections, highlighting how systemic inequalities manifest in legal processes and societal attitudes toward crime.

Understanding Social Inequality

Social inequality refers to the disparities in wealth, power, and status among individuals and groups within society. These inequalities can shape access to resources, opportunities, and ultimately influence interactions with the criminal justice system. Key areas of focus include:

- **Economic Disparities:** Individuals from lower socioeconomic backgrounds often face systemic barriers that increase their likelihood of encountering the criminal justice system. Poverty can lead to higher crime rates due to limited access to legitimate economic opportunities.

- **Educational Inequalities:** Education plays a crucial role in shaping life outcomes. Those with lower educational attainment may have fewer job prospects, which can lead to increased criminal behavior as a means of economic survival.

Race and Ethnicity

Racial and ethnic minorities often experience disproportionate treatment within the criminal justice system. Research indicates:

- **Disparities in Policing:** Minority communities are frequently subjected to aggressive policing tactics such as stop-and-frisk, leading to higher arrest rates among these populations. For instance, young Black men are disproportionately targeted by law enforcement.

2 Inégalité et Justice Pénale

Intersections entre l'Inégalité Sociale et le Système de Justice Pénale

La relation entre l'inégalité sociale et le système de justice pénale est complexe et multidimensionnelle. Divers facteurs tels que la race, l'ethnie, le sexe, l'orientation sexuelle et la religion influencent de manière significative à la fois les perceptions du crime et les expériences au sein du système de justice. Cet article explore ces intersections, soulignant comment les inégalités systémiques se manifestent dans les processus juridiques et les attitudes sociétales envers le crime.

Comprendre l'Inégalité Sociale

L'inégalité sociale fait référence aux disparités de richesse, de pouvoir et de statut entre les individus et les groupes au sein de la société. Ces inégalités peuvent façonner l'accès aux ressources, aux opportunités et, finalement, influencer les interactions avec le système de justice pénale. Les principaux domaines d'intérêt comprennent :

- **Disparités Économiques:** Les individus issus de milieux socio-économiques défavorisés sont souvent confrontés à des obstacles systémiques qui augmentent leurs chances de rencontrer le système de justice pénale. La pauvreté peut entraîner des taux de criminalité plus élevés en raison d'un accès limité aux opportunités économiques légitimes.

- **Inégalités Éducatives:** L'éducation joue un rôle crucial dans la formation des résultats de la vie. Les personnes ayant un faible niveau de scolarité peuvent avoir moins de perspectives d'emploi, ce qui peut conduire à une augmentation du comportement criminel comme moyen de survie économique.

Race et Ethnicité

Les minorités raciales et ethniques sont souvent traitées de manière disproportionnée au sein du système de justice pénale. La recherche indique :

- **Disparités dans les Pratiques Policières:** Les communautés minoritaires sont fréquemment soumises à des tactiques policières agressives telles que les contrôles au hasard, ce qui entraîne des taux d'arrestation plus élevés au sein de ces populations. Par exemple, les jeunes hommes noirs sont disproportionnellement ciblés par les forces de l'ordre.

- **Sentencing Inequities:** Studies show that individuals from minority backgrounds often receive harsher sentences compared to their white counterparts for similar offenses. This disparity is evident in various stages of the judicial process, including plea deals and sentencing outcomes.

- **Media Representation:** Media portrayals often reinforce stereotypes about race and crime, influencing public perception and policy decisions. Such representations can perpetuate biases against minority groups, further entrenching systemic inequalities.

Gender Dynamics

Gender also plays a critical role in shaping experiences within the criminal justice system:

Treatment of Women: Women may receive more lenient sentences than men for similar crimes; however, they also face unique challenges such as higher rates of sexual abuse within prison systems. Additionally, women of color often encounter compounded discrimination.

Juvenile Justice: Gender disparities are evident in juvenile justice systems where girls may be treated differently than boys. For instance, girls are more likely to be viewed through a lens of moral failing rather than delinquency, affecting their treatment by authorities.

Sexual Orientation and Religion

The experiences of LGBTQ+ individuals and religious minorities within the criminal justice system are often marked by discrimination:

LGBTQ+ Discrimination: Members of the LGBTQ+ community frequently face bias from law enforcement and judicial systems, which can lead to underreporting of crimes committed against them. Additionally, they may experience harsher treatment when accused of crimes themselves.

Religious Minorities: Individuals from certain religious backgrounds may encounter prejudice that affects their treatment within the justice system. This can manifest through profiling or discriminatory practices that target specific communities based on their beliefs or practices.

- **Inéquités dans la Sentence**: Des études montrent que les individus issus de minorités ethniques reçoivent souvent des peines plus sévères que leurs homologues blancs pour des infractions similaires. Cette disparité est évidente à divers stades du processus judiciaire, notamment lors des négociations de plaidoyer et des décisions de condamnation.

- **Représentation Médiatique**: Les représentations médiatiques renforcent souvent les stéréotypes sur la race et le crime, influençant la perception du public et les décisions politiques. Ces représentations peuvent perpétuer des préjugés contre les groupes minoritaires, renforçant ainsi les inégalités systémiques.

Dynamiques de Genre

Le genre joue également un rôle crucial dans la façon dont les individus vivent leur expérience au sein du système de justice pénale :
Traitement des Femmes: Les femmes peuvent recevoir des peines plus clémentes que les hommes pour des crimes similaires. Cependant, elles sont également confrontées à des défis uniques, tels que des taux plus élevés d'abus sexuels au sein des systèmes pénitentiaires. De plus, les femmes de couleur sont souvent confrontées à une discrimination accrue.

Justice Juvénile: Des disparités de genre sont également évidentes dans les systèmes de justice pour mineurs, où les filles peuvent être traitées différemment des garçons. Par exemple, les filles sont plus susceptibles d'être considérées comme ayant un défaut moral plutôt que comme délinquantes, ce qui affecte leur traitement par les autorités.

Orientation Sexuelle et Religion

Les expériences des personnes LGBTQ+ et des minorités religieuses au sein du système de justice pénale sont souvent marquées par la discrimination :

Discrimination LGBTQ+: Les membres de la communauté LGBTQ+ sont fréquemment confrontés à des préjugés de la part des forces de l'ordre et des systèmes judiciaires, ce qui peut conduire à une sous-déclaration des crimes commis contre eux. De plus, ils peuvent être traités plus sévèrement lorsqu'ils sont eux-mêmes accusés de crimes.

Minorités Religieuses: Les individus issus de certaines confessions religieuses peuvent être confrontés à des préjugés qui affectent leur traitement au sein du système de justice pénale. Cela peut se manifester par du profilage ou des pratiques discriminatoires ciblant des communautés spécifiques en fonction de leurs croyances ou pratiques.

The Role of Politics

Political discourse significantly influences perceptions of crime and approaches to criminal justice reform:

Policy Decisions and Punitive Measures

Prioritization of Punitive Measures: The tendency of political agendas to prioritize punitive measures, such as increased incarceration rates, often stems from the need to appear "tough on crime." While this approach may temporarily satisfy public demands for safety, it can have long-term negative consequences.

Exacerbation of Inequalities: Punitive measures disproportionately affect marginalized groups, such as racial minorities and individuals from low-income communities. This can perpetuate systemic biases and reinforce existing inequalities.

Public Perception and Stereotypes

Shaping Attitudes: Political rhetoric surrounding crime can significantly impact public attitudes toward specific communities. By associating certain groups with criminality, politicians can reinforce stereotypes and contribute to social inequality.

Overlooking Structural Issues: The framing of crime in political contexts often overlooks the underlying structural issues that contribute to criminal behavior, such as poverty, lack of opportunity, and systemic discrimination.

Conclusion

The intersections between social inequality and the criminal justice system reveal a landscape marked by systemic biases that affect how individuals experience crime and punishment. Factors such as race, ethnicity, gender, sexual orientation, and religion play significant roles in shaping these experiences. Addressing these disparities requires comprehensive reforms aimed at promoting equity within the criminal justice system while also tackling the root causes of social inequality. By understanding these intersections, society can work towards a more just legal framework that serves all individuals equitably.

Le Rôle de la Politique

Le discours politique influence considérablement la perception du crime et les approches en matière de réforme de la justice pénale :

Décisions Politiques et Mesures Punitives

Priorité aux Mesures Punitives: La tendance des agendas politiques à privilégier les mesures punitives, telles que l'augmentation des taux d'incarcération, découle souvent de la nécessité de paraître « dur sur le crime ». Bien que cette approche puisse temporairement satisfaire les demandes de sécurité du public, elle peut avoir des conséquences négatives à long terme.

Exacerbation des Inégalités: Les mesures punitives affectent de manière disproportionnée les groupes marginalisés, tels que les minorités raciales et les individus issus de communautés à faible revenu. Cela peut perpétuer les biais systémiques et renforcer les inégalités existantes.

Perception Publique et Stéréotypes

Façonnement des Attitudes: La rhétorique politique entourant le crime peut avoir un impact significatif sur les attitudes du public envers certaines communautés. En associant certains groupes à la criminalité, les politiciens peuvent renforcer les stéréotypes et contribuer aux inégalités sociales.

Négligence des Problèmes Structurels: Le cadre du crime dans les contextes politiques néglige souvent les problèmes structurels sous-jacents qui contribuent au comportement criminel, tels que la pauvreté, le manque d'opportunités et la discrimination systémique.

Conclusion

Les intersections entre l'inégalité sociale et le système de justice pénale révèlent un paysage marqué par des biais systémiques qui affectent la façon dont les individus vivent le crime et la punition. Des facteurs tels que la race, l'ethnie, le sexe, l'orientation sexuelle et la religion jouent un rôle significatif dans la façon dont ces expériences se déroulent. Pour remédier à ces disparités, il faut mettre en œuvre des réformes globales visant à promouvoir l'équité au sein du système de justice pénale tout en s'attaquant aux causes profondes de l'inégalité sociale. En comprenant ces intersections, la société peut œuvrer à un cadre juridique plus juste qui serve équitablement tous les individus.

3 Comparative Criminal Justice

The study of crime and criminal justice systems reveals significant insights into how societal factors shape legal frameworks, law enforcement practices, and the experiences of individuals within these systems. This article examines the evolution of criminal justice systems in Western Europe, focusing on the English adversarial and continental European inquisitorial approaches, while also comparing contemporary policing, criminal procedures, forms of punishment, and crime rates.

Evolution of Criminal Justice Systems in Western Europe

English Adversarial System: is characterized by a legal
framework where two opposing parties present their cases before an impartial judge or jury. Key features include:
Role of the Parties: The prosecution and defense are responsible for presenting evidence and arguments. The judge acts as a referee, ensuring that legal procedures are followed.

Presumption of Innocence: Defendants are presumed innocent until proven guilty, a fundamental principle that underscores the rights of the accused.

Jury Trials: In serious cases, juries determine guilt based on the evidence presented. This system emphasizes the role of public participation in the justice process.

Continental European Inquisitorial System:

In contrast, the continental European inquisitorial system involves a more active role for judges in investigating cases. Key characteristics include:
Judge's Role: Judges lead investigations, gather evidence, and question witnesses. This approach aims to uncover the truth rather than simply adjudicate between two opposing sides.

Limited Role of Defense: While defendants have rights, their role is less prominent compared to that in adversarial systems. The judge's authority is central to determining outcomes.

Focus on Written Records: Proceedings often rely on written documentation rather than oral testimony, which can streamline processes but may limit transparency.

3 La Justice Pénale Comparative

L'étude du crime et des systèmes de justice pénale révèle des informations significatives sur la façon dont les facteurs sociétaux façonnent les cadres juridiques, les pratiques d'application de la loi et les expériences des individus au sein de ces systèmes. Cet article examine l'évolution des systèmes de justice pénale en Europe occidentale, en se concentrant sur les approches anglaise accusatoire et européenne continentale inquisitoriale, tout en comparant également la police contemporaine, les procédures pénales, les formes de punition et les taux de criminalité.

Évolution des Systèmes de Justice Pénale en Europe Occidentale

Système Adversarial Anglais:

Le système judiciaire anglais est caractérisé par un cadre juridique dans lequel deux parties adverses présentent leurs arguments devant un juge ou un jury impartial. Les principales caractéristiques comprennent :

Rôle des Parties: L'accusation et la défense sont responsables de la présentation des preuves et des arguments. Le juge agit comme un arbitre, veillant au respect des procédures légales.

Présomption d'Innocence: Les accusés sont présumés innocents jusqu'à preuve du contraire, un principe fondamental qui souligne les droits de l'accusé.

Jugements par Jury: Dans les cas graves, les jurés déterminent la culpabilité en fonction des preuves présentées. Ce système met l'accent sur le rôle de la participation du public dans le processus de justice.

Système Inquisitorial Européen Continental:

En revanche, le système inquisitorial européen continental implique un rôle plus actif des juges dans l'enquête sur les affaires. Les principales caractéristiques comprennent :

Rôle du Juge: Les juges dirigent les enquêtes, recueillent des preuves et interrogent les témoins. Cette approche vise à découvrir la vérité plutôt qu'à simplement trancher entre deux parties adverses.

Rôle Limité de la Défense: Bien que les accusés aient des droits, leur rôle est moins important que dans les systèmes adversariaux. L'autorité du juge est centrale dans la détermination des résultats.

Accent sur les Documents Écrits: Les procédures reposent souvent sur des documents écrits plutôt que sur des témoignages oraux, ce qui peut rationaliser les processus mais peut limiter la transparence.

Comparison of Policing Practices

Policing practices vary significantly between these two systems:

- **Policing in Adversarial Systems:** Law enforcement agencies often operate independently from judicial authorities. The focus is on gathering evidence to support prosecution while ensuring that defendants' rights are protected.

- **Policing in Inquisitorial Systems:** Police may work closely with judicial authorities during investigations. This collaboration can lead to more efficient case resolutions but may also raise concerns about checks and balances on police power.

Criminal Procedure

Criminal procedures differ notably:

Adversarial Procedures: Emphasize procedural safeguards for defendants, including the right to legal representation and the ability to challenge evidence presented by the prosecution.

Inquisitorial Procedures: Focus on comprehensive investigations led by judges, which may result in faster case resolutions but can limit defendants' opportunities to contest evidence.

Forms of Punishment

Punishment methods also reflect differing philosophies:

- **Retributive Justice in Adversarial Systems:** Emphasizes punishment as a response to wrongdoing. Sentences may include imprisonment, fines, or community service.
- **Restorative Justice in Inquisitorial Systems:** Often incorporates elements aimed at rehabilitation and reintegration into society. Alternative sentences may be more common, reflecting a focus on addressing underlying issues contributing to criminal behavior.

Implications for Criminal Justice Systems

- **Balancing Retribution and Restoration:** Many criminal justice systems strive to balance the principles of retribution and restoration. This can involve using a combination of punitive and restorative measures, depending on the nature of the crime and the offender's circumstances.

Comparaison des Pratiques Policières

Les pratiques policières varient considérablement entre ces deux systèmes :

- **Policing dans les Systèmes Adversariaux:** Les forces de l'ordre opèrent souvent indépendamment des autorités judiciaires. L'accent est mis sur la collecte de preuves à l'appui de l'accusation tout en veillant à la protection des droits des accusés.

- **Policing dans les Systèmes Inquisitoriaux:** La police peut travailler en étroite collaboration avec les autorités judiciaires lors des enquêtes. Cette collaboration peut conduire à des résolutions d'affaires plus efficaces, mais peut également soulever des préoccupations concernant les contrôles sur le pouvoir de la police.

Procédure Pénale

Les procédures pénales diffèrent notablement :

Procédures Adversariales: Mettent l'accent sur les garanties procédurales pour les accusés, notamment le droit à une représentation juridique et la possibilité de contester les preuves présentées par l'accusation.

Procédures Inquisitoriales: Se concentrent sur des enquêtes complètes menées par des juges, ce qui peut entraîner des résolutions d'affaires plus rapides mais peut limiter les possibilités pour les accusés de contester les preuves.

Formes de Peine

Les méthodes de punition reflètent également des philosophies différentes :

- **Justice Rétributive dans les Systèmes Adversariaux:** Met l'accent sur la punition comme réponse à un acte répréhensible. Les peines peuvent inclure l'emprisonnement, des amendes ou des travaux d'intérêt général.

- **Justice Restauratrice dans les Systèmes Inquisitoriaux:** Intègre souvent des éléments visant la réhabilitation et la réinsertion sociale. Des peines alternatives peuvent être plus courantes, reflétant une volonté de s'attaquer aux problèmes sous-jacents contribuant au comportement criminel.

Implications pour les Systèmes de Justice Pénale

- **Équilibrer la Rétribution et la Restauration:** De nombreux systèmes de justice pénale s'efforcent d'équilibrer les principes de la rétribution et de la restauration. Cela peut impliquer l'utilisation d'une combinaison de mesures punitives et restauratives, en fonction de la nature du crime et des circonstances de l'auteur.

- **Shift Towards Restorative Approaches:** There is a growing trend towards incorporating restorative justice principles into criminal justice systems, as they can offer more effective and humane approaches to addressing crime.
- **Cultural and Societal Factors:** The choice between retributive and restorative justice approaches can also be influenced by cultural and societal factors. Some cultures may place a greater emphasis on punishment, while others may prioritize rehabilitation and reconciliation.

Crime Rates and Trends

Contemporary crime rates reveal significant variations across Western Europe:

Higher Crime Rates in Urban Areas: Many cities experience elevated crime rates due to factors such as poverty, unemployment, and social dislocation.

Impact of Social Inequality: Studies indicate that social inequality correlates with crime rates; marginalized communities often face higher rates of both victimization and involvement in criminal activities.

Conclusion

The evolution of criminal justice systems in Western Europe illustrates diverse approaches shaped by historical contexts and societal values. The English adversarial system emphasizes individual rights and public participation, while the continental European inquisitorial system focuses on judicial efficiency and truth-seeking. Understanding these differences is crucial for analyzing contemporary issues in policing, criminal procedure, punishment forms, and crime rates across nations. As societies continue to evolve, ongoing reforms will be necessary to address emerging challenges within these complex systems.

- **Vers des Approches Restauratrices:** Il existe une tendance croissante à intégrer les principes de justice réparatrice dans les systèmes de justice pénale, car ils peuvent offrir des approches plus efficaces et humaines pour traiter la criminalité.
- · **Facteurs Culturels et Sociétaux:** Le choix entre des approches rétributives et restauratrices peut également être influencé par des facteurs culturels et sociétaux. Certaines cultures peuvent mettre davantage l'accent sur la punition, tandis que d'autres peuvent privilégier la réhabilitation et la réconciliation.

Taux de Criminalité et Tendances

Les taux de criminalité contemporains révèlent des variations significatives à tr avers l'Europe de l'Ouest :

Taux de Criminalité Plus Élevés dans les Zones Urbaines : De nombreus es villes connaissent des taux de criminalité élevés en raison de facteurs tels qu e la pauvreté, le chômage et la désintégration sociale.

Impact de l'Inégalité Sociale : Les études indiquent que l'inégalité sociale es t corrélée aux taux de criminalité ; les communautés marginalisées font souven t face à des taux plus élevés à la fois de victimisation et de participation à des a ctivités criminelles.

Conclusion

L'évolution des systèmes de justice pénale en Europe de l'Ouest illustre des ap proches diverses façonnées par des contextes historiques et des valeurs sociéta les. Le système accusatoire anglais met l'accent sur les droits individuels et la p articipation publique, tandis que le système inquisitoire continental européen s e concentre sur l'efficacité judiciaire et la recherche de la vérité. Comprendre c es différences est crucial pour analyser les questions contemporaines dans la p olice, les procédures pénales, les formes de punition et les taux de criminalité à travers les nations. À mesure que les sociétés continuent d'évoluer, des réfor mes continues seront nécessaires pour répondre aux défis émergents au sein d e ces systèmes complexes.

4 Understanding Criminological Research

Introduction to Social Science Research Methods in Criminology

The study of criminology encompasses a variety of research methods essential for understanding crime, criminal behavior, and the functioning of the criminal justice system. This article introduces the social science research methods used by criminologists, focusing on statistical analysis, the strengths and weaknesses of published research, and key technical issues related to sampling, measurement, and data analysis.

Social Science Research Methods

Criminologists utilize both qualitative and quantitative research methods to gather data and analyze crime-related phenomena. These methods can be broadly categorized into:

Qualitative Methods: These include interviews, focus groups, and ethnographic studies that provide in-depth insights into individual experiences and social contexts related to crime. Qualitative research is particularly useful for exploring complex social dynamics and understanding the motivations behind criminal behavior.

Quantitative Methods: These involve statistical techniques to analyze numerical data collected through surveys, official crime reports, or experiments. Quantitative methods allow researchers to identify patterns, correlations, and causal relationships in crime data.

Statistical Analysis of Criminological Data

Statistical analysis plays a crucial role in criminology by enabling researchers to interpret data effectively. Key components include:

Descriptive Statistics: Used to summarize and describe the main features of a dataset. This includes measures such as mean, median, mode, and standard deviation.

Inferential Statistics: Techniques that allow researchers to make generalizations from a sample to a population. This includes hypothesis testing, regression analysis, and correlation coefficients.

4 Comprendre la recherche criminologique

Introduction aux Méthodes de Recherche en Sciences Sociales en Criminologie

L'étude de la criminologie englobe une variété de méthodes de recherche essentielles à la compréhension du crime, du comportement criminel et du fonctionnement du système de justice pénale. Cet article présente les méthodes de recherche en sciences sociales utilisées par les criminologues, en mettant l'accent sur l'analyse statistique, les forces et les faiblesses de la recherche publiée, ainsi que les principales questions techniques liées à l'échantillonnage, la mesure et l'analyse des données.

Méthodes de Recherche en Sciences Sociales

Les criminologues utilisent à la fois des méthodes de recherche qualitatives et quantitatives pour collecter des données et analyser les phénomènes liés au crime. Ces méthodes peuvent être largement classées en :

Méthodes qualitatives: Celles-ci comprennent les entretiens, les groupes de discussion et les études ethnographiques qui fournissent des informations approfondies sur les expériences individuelles et les contextes sociaux liés au crime. La recherche qualitative est particulièrement utile pour explorer les dynamiques sociales complexes et comprendre les motivations du comportement criminel.

Méthodes quantitatives: Celles-ci impliquent des techniques statistiques pour analyser les données numériques collectées par le biais d'enquêtes, de rapports de criminalité officiels ou d'expériences. Les méthodes quantitatives permettent aux chercheurs d'identifier des tendances, des corrélations et des relations causales dans les données criminelles.

Analyse Statistique des Données Criminologiques

L'analyse statistique joue un rôle crucial en criminologie en permettant aux chercheurs d'interpréter efficacement les données. Les principaux composants comprennent :

Statistiques descriptives: Utilisées pour résumer et décrire les principales caractéristiques d'un ensemble de données. Cela inclut des mesures telles que la moyenne, la médiane, le mode et l'écart-type.

Statistiques inférentielles: Techniques qui permettent aux chercheurs de faire des généralisations à partir d'un échantillon à une population. Cela inclut les tests d'hypothèse, l'analyse de régression et les coefficients de corrélation.

Multivariate Analysis: Involves examining multiple variables simultaneously to understand their relationships. This is particularly important in criminology where various factors (e.g., socioeconomic status, environment) influence crime rates.

Strengths and Weaknesses of Published Criminological Research

Understanding the strengths and weaknesses of existing research is vital for evaluating its applicability and reliability:

Strengths:

- **Evidence-Based Insights:** Well-conducted studies provide valuable evidence that can inform policy decisions and crime prevention strategies.

- **Diverse Perspectives:** Research often incorporates various theoretical frameworks, enriching the understanding of crime from multiple angles.

- **Methodological Rigor:** High-quality studies employ rigorous methodologies that enhance the credibility of findings.

Weaknesses:

- **Sampling Bias:** Many studies suffer from sampling issues that can limit the generalizability of results. For instance, relying on convenience samples may not accurately represent broader populations.

- **Measurement Challenges:** Accurately measuring crime can be difficult due to underreporting or misclassification of offenses. This can skew results and lead to misleading conclusions.

- **Publication Bias:** Research that yields significant results is more likely to be published than studies with null findings, potentially creating an incomplete picture of crime phenomena.

Analyse Multivariée: Implique l'examen simultané de plusieurs variables pour comprendre leurs relations. Ceci est particulièrement important en criminologie où divers facteurs (par exemple, le statut socio-économique, l'environnement) influencent les taux de criminalité.

Forces et Faiblesses de la Recherche Criminologique Publiée

Comprendre les forces et les faiblesses de la recherche existante est essentiel pour évaluer son applicabilité et sa fiabilité :

Forces:

- **Perspectives basées sur des preuves:** Des études bien menées fournissent des preuves précieuses qui peuvent éclairer les décisions politiques et les stratégies de prévention de la criminalité.
- **Perspectives diverses:** La recherche intègre souvent divers cadres théoriques, enrichissant la compréhension du crime sous plusieurs angles.
- **Rigueur méthodologique:** Des études de haute qualité emploient des méthodologies rigoureuses qui renforcent la crédibilité des résultats.

Faiblesses:

- **Biais d'échantillonnage:** De nombreuses études souffrent de problèmes d'échantillonnage qui peuvent limiter la généralisabilité des résultats. Par exemple, le recours à des échantillons de commodité peut ne pas représenter avec précision des populations plus larges.
- **Défis de mesure:** Mesurer avec précision la criminalité peut être difficile en raison de la sous-déclaration ou de la mauvaise classification des infractions. Cela peut fausser les résultats et conduire à des conclusions erronées.
- **Biais de publication:** La recherche qui produit des résultats significatifs est plus susceptible d'être publiée que les études avec des résultats nuls, ce qui peut créer une image incomplète des phénomènes criminels.

Technical Issues in Research Design

Several technical issues are critical when designing criminological research:

Sampling

- **Representativeness:** The choice of sampling strategy is crucial for ensuring that the study's findings are representative of the population of interest.
- **Common Methods:** Random sampling, stratified sampling, and cluster sampling are common methods used in criminological research. Each has its own advantages and limitations.
- **Considerations:** Factors such as cost, time, and the desired level of accuracy should be considered when selecting a sampling method.

Measurement

- **Operational Definitions:** Researchers must develop clear operational definitions for the variables they are studying to ensure consistency and comparability across studies.

- **Validity and Reliability:** It is essential to assess the validity and reliability of the measurement instruments used in the study. Validity refers to the extent to which a measure accurately represents what it intends to measure, while reliability refers to the consistency of the measure.

Data Analysis

- **Appropriate Techniques:** Selecting the appropriate statistical techniques for analyzing data is crucial for drawing valid conclusions. Researchers must be familiar with a variety of statistical methods and understand the assumptions underlying each.
- **Software Tools:** Proficiency in using statistical software tools, such as SPSS or R, is essential for conducting data analysis efficiently and accurately.

Understanding social science research methods is fundamental for criminologists seeking to investigate crime effectively. By mastering both qualitative and quantitative approaches, researchers can gather robust data that informs our understanding of criminal behavior and the criminal justice system.

Problèmes Techniques dans la Conception de la Recherche

Plusieurs problèmes techniques sont critiques lors de la conception d'une recherche criminologique :

Échantillonnage

- **Représentativité:** Le choix de la stratégie d'échantillonnage est crucial pour s'assurer que les résultats de l'étude sont représentatifs de la population d'intérêt.

- **Méthodes courantes:** L'échantillonnage aléatoire, l'échantillonnage stratifié et l'échantillonnage par grappes sont des méthodes courantes utilisées en recherche criminologique. Chacune a ses propres avantages et limitations.

- **Considérations:** Des facteurs tels que le coût, le temps et le niveau de précision souhaité doivent être pris en compte lors de la sélection d'une méthode d'échantillonnage.

Mesure

- **Définitions opérationnelles:** Les chercheurs doivent développer des définitions opérationnelles claires pour les variables qu'ils étudient afin d'assurer la cohérence et la comparabilité entre les études.

- **Validité et fiabilité:** Il est essentiel d'évaluer la validité et la fiabilité des instruments de mesure utilisés dans l'étude. La validité fait référence à la mesure dans laquelle une mesure représente avec précision ce qu'elle est censée mesurer, tandis que la fiabilité fait référence à la cohérence de la mesure.

Analyse de données

- **Techniques appropriées:** La sélection des techniques statistiques appropriées pour analyser les données est cruciale pour tirer des conclusions valides. Les chercheurs doivent être familiers avec une variété de méthodes statistiques et comprendre les hypothèses sous-jacentes à chacune.

- **Outils logiciels:** La maîtrise des outils logiciels statistiques, tels que SPSS ou R, est essentielle pour mener à bien l'analyse de données de manière efficace et précise.

Comprendre les méthodes de recherche en sciences sociales est fondamental pour les criminologues cherchant à étudier efficacement le crime. En maîtrisant à la fois les approches qualitatives et quantitatives, les chercheurs peuvent recueillir des données solides qui éclairent notre compréhension du comportement criminel et du système de justice pénale.

5 Crime and Mind

The intersections of legal, psychological, and sociological understandings within the criminal justice system reveal complex dynamics surrounding issues such as criminal intent, mental health defenses, and the influence of societal factors on crime. This overview will explore these intersections through key topics including criminal intent, the Not Criminally Responsible on Account of Mental Disorder (NCRMD) defense, the use of battered woman syndrome in self-defense cases, infanticide, transcultural psychiatry, and jury bias.

Criminal Intent

Criminal intent, or mens rea, is a fundamental concept in criminal law that refers to the mental state of a defendant at the time of committing an offense. It is crucial for establishing liability and varies across jurisdictions. In Anglo-American law, intent can be categorized into different levels:

- **General Intent:** The intention to commit the act itself (actus reus), without needing to prove a specific outcome.

- **Specific Intent:** The intention to achieve a particular result from the act.

Understanding criminal intent involves both legal definitions and psychological assessments. For instance, in cases where intoxication affects a defendant's ability to form intent, courts may differentiate between specific and basic intent crimes. This interplay between law and psychology highlights the importance of evaluating a defendant's mental state and capacity to understand their actions.

Not Criminally Responsible on Account of Mental Disorder (NCRMD)

The NCRMD defense allows individuals who are unable to appreciate the nature or quality of their actions due to a severe mental disorder to be found not criminally responsible for their offenses. This defense raises significant legal and psychological questions:

1. **Assessment of Mental State:** Psychiatrists often evaluate defendants' mental health at the time of the crime, determining whether they had the capacity to form intent. This assessment can be contentious, as expert opinions may vary widely.

5 Crime et Esprit

Les intersections entre les compréhensions juridiques, psychologiques et sociologiques au sein du système de justice pénale révèlent des dynamiques complexes entourant des questions telles que l'intention criminelle, les défenses de santé mentale et l'influence des facteurs sociétaux sur la criminalité. Cette vue d'ensemble explorera ces intersections à travers des sujets clés, notamment l'intention criminelle, la défense de non-responsabilité criminelle pour cause de trouble mental (NCRMD), l'utilisation du syndrome de la femme battue dans les cas de légitime défense, l'infanticide, la psychiatrie transculturelle et le biais du jury.

Intention Criminelle

L'intention criminelle, ou mens rea, est un concept fondamental en droit pénal qui fait référence à l'état mental d'un accusé au moment de la commission d'une infraction. Il est crucial pour établir la responsabilité et varie d'une juridiction à l'autre. En droit anglo-américain, l'intention peut être classée en différents niveaux :

- **Intention générale:** L'intention de commettre l'acte lui-même (*actus reus*), sans avoir besoin de prouver un résultat spécifique.
- **Intention spécifique:** L'intention d'obtenir un résultat particulier de l'acte.

La compréhension de l'intention criminelle implique à la fois des définitions juridiques et des évaluations psychologiques. Par exemple, dans les cas où l'intoxication affecte la capacité d'un accusé à former une intention, les tribunaux peuvent faire la distinction entre les crimes d'intention spécifique et les crimes d'intention de base. Cette interaction entre le droit et la psychologie souligne l'importance d'évaluer l'état mental d'un accusé et sa capacité à comprendre ses actions.

Non-responsabilité criminelle pour cause de trouble mental (NCRMD)

La défense NCRMD permet aux personnes incapables d'apprécier la nature ou la qualité de leurs actes en raison d'un trouble mental grave d'être déclarées non criminellement responsables de leurs infractions. Cette défense soulève d'importantes questions juridiques et psychologiques :

1. **Évaluation de l'état mental:** Les psychiatres évaluent souvent la santé mentale des accusés au moment du crime, déterminant s'ils avaient la capacité de former une intention. Cette évaluation peut être controversée, car les opinions d'experts peuvent varier considérablement.

2. **Public Perception:** The use of NCRMD can influence public perceptions of mental illness and crime, often leading to stigma against those with mental health disorders.

Battered Woman Syndrome and Self-Defense

Battered woman syndrome (BWS) is a psychological condition that can develop in victims of prolonged domestic abuse. It is increasingly used in legal contexts as part of self-defense arguments:

- **Legal Recognition:** Courts have begun to recognize BWS as a legitimate factor in assessing the reasonableness of a woman's perception of imminent danger when she kills her abuser.

- **Psychological Understanding:** BWS reflects complex psychological responses to trauma and fear, influencing how women perceive threats and react in life-threatening situations.

This intersection illustrates how psychological insights can inform legal defenses while also raising questions about gender biases in judicial proceedings.

Infanticide

Infanticide laws address cases where a mother kills her newborn child under specific circumstances. These laws often consider:

- **Mental Health Factors**: Many jurisdictions recognize that postpartum mental health issues can significantly impact a mother's state of mind during such tragic events.

- **Legal Implications:** Infanticide may be treated differently than other forms of homicide due to the unique psychological context surrounding maternal behavior post-birth.

This topic underscores the necessity for legal systems to incorporate psychological understanding into their frameworks for addressing crimes committed under extreme emotional distress.

2. Perception du public : L'utilisation du NCRMD peut influencer la perception publique de la maladie mentale et de la criminalité, conduisant souvent à la stigmatisation des personnes souffrant de troubles mentaux.

Syndrome de la femme battue et légitime défense

Le syndrome de la femme battue (SWB) est une condition psychologique qui peut se développer chez les victimes de violence domestique prolongée. Il est de plus en plus utilisé dans les contextes juridiques dans le cadre d'arguments de légitime défense :

- **Reconnaissance juridique :** Les tribunaux ont commencé à reconnaître le SWB comme un facteur légitime dans l'évaluation du caractère raisonnable de la perception d'un danger imminent par une femme lorsqu'elle tue son agresseur.
- **Compréhension psychologique :** Le SWB reflète des réponses psychologiques complexes au traumatisme et à la peur, influençant la façon dont les femmes perçoivent les menaces et réagissent dans des situations mettant leur vie en danger. Cette intersection illustre comment les connaissances psychologiques peuvent éclairer les défenses juridiques tout en soulevant des questions sur les biais sexistes dans les procédures judiciaires.

Infanticide

Les lois sur l'infanticide traitent des cas où une mère tue son nouveau-né dans des circonstances spécifiques. Ces lois tiennent souvent compte de :

- **Facteurs de santé mentale :** De nombreuses juridictions reconnaissent que les problèmes de santé mentale post-partum peuvent avoir un impact significatif sur l'état d'esprit d'une mère lors de tels événements tragiques.
- **Implications juridiques :** L'infanticide peut être traité différemment des autres formes d'homicide en raison du contexte psychologique unique entourant le comportement maternel après l'accouchement. Ce sujet souligne la nécessité pour les systèmes juridiques d'intégrer la compréhension psychologique dans leurs cadres pour traiter les crimes commis dans des conditions de détresse émotionnelle extrême.

Transcultural Psychiatry

Transcultural psychiatry examines how cultural factors influence mental health and perceptions of criminal behavior. Key considerations include:

Cultural Definitions of Mental Illness: Different cultures may have varying interpretations of what constitutes mental illness and how it relates to criminal behavior.

Impact on Legal Proceedings: Cultural misunderstandings can affect jury perceptions and decisions, particularly in cases involving defendants from diverse backgrounds.

Understanding these cultural nuances is vital for ensuring fair treatment within the justice system.

Jury Screening for Bias

Jury bias can significantly impact trial outcomes. Screening processes aim to identify potential biases among jurors related to race, gender, socioeconomic status, or personal experiences with crime:

Importance of Impartiality: Ensuring that jurors are unbiased is essential for fair trials. However, implicit biases can be difficult to detect and mitigate.

Legal Strategies: Attorneys may employ various strategies during jury selection to minimize bias and ensure a more representative jury pool.

Addressing jury bias requires ongoing efforts in both legal training and public education about implicit biases and their effects on justice.

The interplay between legal, psychological, and sociological perspectives provides a comprehensive understanding of issues within the criminal justice system.

Psychiatrie transculturelle

La psychiatrie transculturelle examine comment les facteurs culturels influencent la santé mentale et la perception des comportements criminels. Les principales considérations incluent :

- **Définitions culturelles de la maladie mentale :** Différentes cultures peuvent avoir des interprétations variées de ce qui constitue une maladie mentale et de sa relation avec le comportement criminel.
- **Impact sur les procédures judiciaires :** Les incompréhensions culturelles peuvent affecter la perception et les décisions des jurés, en particulier dans les cas impliquant des accusés issus de milieux divers. Comprendre ces nuances culturelles est essentiel pour assurer un traitement équitable au sein du système judiciaire.

Sélection des jurés pour éviter les biais

Les biais des jurés peuvent avoir un impact significatif sur l'issue des procès. Les processus de sélection visent à identifier les biais potentiels parmi les jurés liés à la race, au sexe, au statut socioéconomique ou aux expériences personnelles avec la criminalité :

- **Importance de l'impartialité :** Il est essentiel de s'assurer que les jurés sont impartiaux pour garantir des procès équitables. Cependant, les biais implicites peuvent être difficiles à détecter et à atténuer.
- **Stratégies juridiques :** Les avocats peuvent employer diverses stratégies lors de la sélection du jury pour minimiser les biais et assurer un jury plus représentatif. Lutter contre les biais des jurés nécessite des efforts continus dans la formation juridique et l'éducation du public sur les biais implicites et leurs effets sur la justice.

L'interaction entre les perspectives juridiques, psychologiques et sociologiques offre une compréhension globale des enjeux au sein du système de justice pénale.

6 Crime, Gender and Sex

The relationship between gender and crime is a complex interplay of social, psychological, and legal factors that shape criminal behavior and the administration of justice. This article explores how notions of masculinity and femininity influence criminal behavior, the operation of the criminal justice system, and the regulation of gender and sexuality through criminal law.

Gender and Criminal Behavior

Research consistently indicates that crime rates and patterns differ significantly between males and females. Gender is one of the most reliable predictors of criminal behavior, with statistics showing that men commit the vast majority of serious crimes, including violence and robbery. For example, studies reveal that 85-90% of male criminals engage in serious offenses, while 98% of sexual offenders are men.

Theoretical Perspectives

Sex-Role Theory: This theory posits that traditional gender roles influence criminal behavior. Men are often socialized to adopt aggressive and dominant traits, which can lead to higher rates of delinquency. Conversely, women are typically socialized to be nurturing and passive, discouraging criminal activity.

Feminist Perspectives: Feminist criminology highlights how societal structures contribute to gendered differences in crime. The marginalization thesis suggests that men's greater freedom allows for more opportunities to commit crimes, while women's roles are often confined to domestic spheres. Control theory posits that women face more social controls than men, limiting their opportunities for delinquency .

Liberation Thesis: Proposed by Freda Adler, this theory argues that as women gain social freedoms and economic opportunities, their crime rates begin to resemble those of men. Increased participation in the workforce correlates with rising female crime rates .

6 Crime, Genre et Sexe

La relation entre le genre et la criminalité est une interaction complexe de facteurs sociaux, psychologiques et juridiques qui façonnent le comportement criminel et l'administration de la justice. Cet article explore comment les notions de masculinité et de féminité influencent le comportement criminel, le fonctionnement du système de justice pénale et la réglementation du genre et de la sexualité par le droit pénal.

Genre et comportement criminel

La recherche indique constamment que les taux et les modèles de criminalité diffèrent considérablement entre les hommes et les femmes. Le genre est l'un des prédicteurs les plus fiables du comportement criminel, les statistiques montrant que les hommes commettent la grande majorité des crimes graves, y compris la violence et le vol. Par exemple, des études révèlent que 85 à 90 % des criminels masculins se livrent à des infractions graves, tandis que 98 % des délinquants sexuels sont des hommes.

Perspectives théoriques

Théorie des rôles sexuels : Cette théorie postule que les rôles sexuels traditionnels influencent le comportement criminel. Les hommes sont souvent socialisés pour adopter des traits agressifs et dominants, ce qui peut conduire à des taux de délinquance plus élevés. Inversement, les femmes sont généralement socialisées pour être nourricières et passives, décourageant l'activité criminelle.

Perspectives féministes : La criminologie féministe souligne comment les structures sociales contribuent aux différences de genre en matière de criminalité. La thèse de la marginalisation suggère que la plus grande liberté des hommes leur permet d'avoir plus d'opportunités de commettre des crimes, tandis que les rôles des femmes sont souvent confinés à la sphère domestique. La théorie du contrôle postule que les femmes sont soumises à plus de contrôles sociaux que les hommes, limitant leurs possibilités de délinquance.

Thèse de la libération : Proposée par Freda Adler, cette théorie soutient qu'à mesure que les femmes gagnent en liberté sociale et en opportunités économiques, leurs taux de criminalité commencent à ressembler à ceux des hommes. Une participation accrue à la vie active est corrélée à une augmentation des taux de criminalité féminine.

Gender in the Criminal Justice System

The administration of criminal justice is also influenced by gender dynamics:

Bias in Law Enforcement: Research indicates that women are often treated more leniently than men within the criminal justice system. For instance, they may be less likely to be arrested or receive harsher sentences for similar offenses .

This leniency is partly due to societal perceptions of women as less threatening or dangerous.

Victimization Dynamics: The interaction between victim gender and offender gender affects sentencing outcomes. Male offenders who victimize females often receive harsher penalties compared to those who victimize other males .

This reflects societal attitudes that prioritize the protection of women.

Policy Implications

The research on gender and criminality has important policy implications. Some potential policy reforms include:

- Addressing Gender Bias in the Criminal Justice System: Implementing policies to reduce gender bias in law enforcement, prosecution, sentencing, and corrections.

- Providing Gender-Specific Services: Developing programs and services that address the unique needs of women offenders, such as those related to motherhood, domestic violence, and substance abuse.

- Promoting Gender Equality: Implementing policies that promote gender equality and challenge traditional gender roles and stereotypes.

Regulation of Gender and Sexuality

The regulation of gender and sexuality through criminal law highlights how societal norms shape legal frameworks:

Le Genre dans le Système de Justice Pénale

L'administration de la justice pénale est également influencée par les dynamiques de genre :

Biaises dans l'application de la loi : Les recherches indiquent que les femmes sont souvent traitées de manière plus indulgente que les hommes dans le système de justice pénale. Par exemple, elles peuvent être moins susceptibles d'être arrêtées ou de recevoir des peines plus sévères pour des infractions similaires. Cette indulgence est en partie due aux perceptions sociétales des femmes comme moins menaçantes ou dangereuses.

Dynamiques de victimisation : L'interaction entre le genre de la victime et le genre de l'auteur d'infraction influence les résultats des sentences. Les hommes coupables d'infractions envers des femmes reçoivent souvent des peines plus sévères que ceux qui victimisent d'autres hommes. Cela reflète les attitudes sociétales qui privilégient la protection des femmes.

Implications politiques

La recherche sur le genre et la criminalité a d'importantes implications politiques. Certaines réformes politiques potentielles incluent :

- **Combattre les biais de genre dans le système de justice pénale :** Mettre en œuvre des politiques visant à réduire les biais de genre dans l'application de la loi, les poursuites, les sentences et les corrections.
- **Fournir des services spécifiques au genre :** Développer des programmes et des services qui répondent aux besoins spécifiques des femmes délinquantes, tels que ceux liés à la maternité, à la violence domestique et à la toxicomanie.
- **Promouvoir l'égalité des genres :** Mettre en œuvre des politiques qui promeuvent l'égalité des genres et remettent en question les rôles et stéréotypes sexistes traditionnels.

Régulation du genre et de la sexualité

La régulation du genre et de la sexualité par le droit pénal souligne comment les normes sociétales façonnent les cadres juridiques.

- Criminalization of Sexual Behavior: Laws regulating sexual conduct often reflect patriarchal values, with implications for how different genders are treated under the law. For example, laws surrounding prostitution or sexual consent can disproportionately affect women while often overlooking male culpability.

- Transcultural Considerations: Different cultures have varying definitions of acceptable gender roles and behaviors, which can influence legal interpretations and enforcement practices. Transcultural psychiatry examines how cultural perceptions impact mental health and criminal behavior across diverse populations .

Conclusion

Understanding the intersections between gender, criminal behavior, and the criminal justice system is crucial for developing effective policies and interventions. By recognizing how notions of masculinity and femininity shape both individual actions and systemic responses, stakeholders can work towards a more equitable legal framework that addresses gender disparities in crime and justice. Continued research into these dynamics will be essential for informing policy changes aimed at promoting fairness within the criminal justice system.

- Criminalisation des comportements sexuels : Les lois régissant la conduite sexuelle reflètent souvent des valeurs patriarcales, avec des implications pour le traitement des différents genres par la loi. Par exemple, les lois concernant la prostitution ou le consentement sexuel peuvent affecter disproportionnellement les femmes tout en négligeant souvent la culpabilité masculine.

- Considérations transculturelles : Les différentes cultures ont des définitions variées des rôles et comportements de genre acceptables, ce qui peut influencer les interprétations juridiques et les pratiques d'application de la loi. La psychiatrie transculturelle examine comment les perceptions culturelles impactent la santé mentale et le comportement criminel dans diverses populations.

Conclusion

Comprendre les intersections entre le genre, le comportement criminel et le système de justice pénale est crucial pour développer des politiques et des interventions efficaces. En reconnaissant comment les notions de masculinité et de féminité façonnent à la fois les actions individuelles et les réponses systémiques, les parties prenantes peuvent travailler à un cadre juridique plus équitable qui traite les disparités de genre dans la criminalité et la justice. La poursuite de la recherche sur ces dynamiques sera essentielle pour éclairer les changements politiques visant à promouvoir l'équité au sein du système de justice pénale.

7 Immigration, Ethnicity and Crime

The connection between immigration and crime is a complex and multifaceted issue that encompasses various factors, including public perception, discrimination against immigrants, and the impact of immigration on crime rates. This analysis draws on research conducted in North America and Europe to explore these themes in depth.

Immigration and Crime Rates

Research consistently shows that immigration does not correlate with increased crime rates. In fact, many studies indicate that immigrants are less likely to commit crimes than native-born citizens. For example, a comprehensive review of crime statistics in the United States has demonstrated that areas with higher immigrant populations often experience lower crime rates. This trend is supported by findings from various European countries as well, where immigrant communities frequently contribute positively to local economies without significantly impacting crime levels.

Factors Influencing Crime Rates

Socioeconomic Status: Immigrants often occupy lower socioeconomic positions, which can increase their vulnerability to crime rather than making them more likely to commit crimes. Economic hardship may push some individuals into criminal behavior, but this is not unique to immigrants and is often influenced by broader systemic issues.

Community Ties: Many immigrants maintain strong community ties that can discourage criminal behavior. Social networks within immigrant communities can provide support systems that promote lawful behavior and reduce involvement in crime.

Immigrant Integration: Well-integrated immigrants are often less likely to engage in criminal behavior. Factors such as education, employment, and social networks can play a significant role in immigrant integration.

7 Immigration, Ethnicité et Criminalité

Le lien entre l'immigration et la criminalité est une question complexe et multifacette qui englobe divers facteurs, notamment la perception du public, la discrimination à l'égard des immigrants et l'impact de l'immigration sur les taux de criminalité. Cette analyse s'appuie sur des recherches menées en Amérique du Nord et en Europe pour explorer en profondeur ces thèmes.

Immigration et taux de criminalité

La recherche montre constamment que l'immigration n'est pas corrélée à une augmentation des taux de criminalité. En fait, de nombreuses études indiquent que les immigrants sont moins susceptibles de commettre des crimes que les citoyens nés dans le pays. Par exemple, un examen approfondi des statistiques criminelles aux États-Unis a démontré que les zones à forte population immigrée connaissent souvent des taux de criminalité plus bas. Cette tendance est également étayée par les résultats de divers pays européens, où les communautés immigrantes contribuent fréquemment de manière positive aux économies locales sans avoir un impact significatif sur les niveaux de criminalité.

Facteurs influençant les taux de criminalité

Statut socioéconomique : Les immigrants occupent souvent des positions socioéconomiques plus basses, ce qui peut augmenter leur vulnérabilité à la criminalité plutôt que de les rendre plus susceptibles de commettre des crimes. Les difficultés économiques peuvent pousser certaines personnes à adopter un comportement criminel, mais cela n'est pas propre aux immigrants et est souvent influencé par des problèmes systémiques plus larges.

Liens communautaires : De nombreux immigrants maintiennent des liens communautaires forts qui peuvent décourager le comportement criminel. Les réseaux sociaux au sein des communautés immigrantes peuvent fournir des systèmes de soutien qui favorisent un comportement légal et réduisent l'implication dans la criminalité.

Intégration des immigrants : Les immigrants bien intégrés sont souvent moins susceptibles de se livrer à des comportements criminels. Des facteurs tels que l'éducation, l'emploi et les réseaux sociaux peuvent jouer un rôle important dans l'intégration des immigrants.

Selective Immigration Policies: Many countries have selective immigration policies that prioritize individuals with low crime rates. This can help to ensure that immigrants are less likely to engage in criminal activity.

Age and Demographic Factors: Immigrants often have a different age structure than native-born populations. For example, immigrants are often younger, and crime rates tend to be higher among young people. However, when controlling for age and other demographic factors, the relationship between immigration and crime becomes less clear.

Discrimination Against Immigrants

Discrimination against immigrants manifests in various forms, from workplace bias to social exclusion. This discrimination can have significant implications for their integration into society and their interactions with the criminal justice system.

Racial and Ethnic Discrimination: Immigrants from racial or ethnic minority backgrounds often face heightened levels of discrimination. Studies indicate that such discrimination can lead to feelings of alienation and marginalization, which may affect their mental health and social stability.
Impact on Crime Reporting: Many immigrants are reluctant to report crimes due to fear of law enforcement or concerns about their immigration status. For instance, a survey revealed that 44% of Latino immigrants reported being less likely to contact police if they were victims of crime. This underreporting skews crime statistics and perpetuates negative stereotypes about immigrant involvement in crime.

Public Perception of Risk and Security

Public perceptions of immigrants often do not align with statistical realities. Misconceptions about the relationship between immigration and crime are fueled by media portrayals and political rhetoric:

Media Influence: Sensationalized media coverage of crimes involving immigrants can create a narrative that associates immigration with increased danger. This portrayal contributes to public fears and misconceptions about immigrant communities.

Politiques d'immigration sélective : De nombreux pays ont des politiques d'immigration sélective qui privilégient les individus ayant de faibles taux de criminalité. Cela peut contribuer à garantir que les immigrants soient moins susceptibles de se livrer à des activités criminelles.

Âge et facteurs démographiques : Les immigrants ont souvent une structure démographique différente de celle des populations nées dans le pays. Par exemple, les immigrants sont souvent plus jeunes et les taux de criminalité ont tendance à être plus élevés chez les jeunes. Cependant, en contrôlant l'âge et d'autres facteurs démographiques, la relation entre l'immigration et la criminalité devient moins claire.

Discrimination contre les immigrants

La discrimination contre les immigrants se manifeste sous diverses formes, du biais sur le lieu de travail à l'exclusion sociale. Cette discrimination peut avoir des implications importantes pour leur intégration dans la société et leurs interactions avec le système de justice pénale.

Discrimination raciale et ethnique : Les immigrants issus de minorités raciales ou ethniques sont souvent confrontés à des niveaux accrus de discrimination. Des études indiquent qu'une telle discrimination peut entraîner des sentiments d'aliénation et de marginalisation, ce qui peut affecter leur santé mentale et leur stabilité sociale.

Impact sur le signalement de la criminalité : De nombreux immigrants hésitent à signaler des crimes par crainte des forces de l'ordre ou des préoccupations concernant leur statut d'immigration. Par exemple, une enquête a révélé que 44 % des immigrants latinos ont déclaré être moins susceptibles de contacter la police s'ils étaient victimes d'un crime. Ce sous-déclaration fausse les statistiques criminelles et perpétue des stéréotypes négatifs sur l'implication des immigrants dans la criminalité.

Perception publique du risque et de la sécurité

Les perceptions du public concernant les immigrants ne correspondent souvent pas aux réalités statistiques. Les idées fausses sur le lien entre immigration et criminalité sont alimentées par les représentations médiatiques et la rhétorique politique :

Influence des médias : Une couverture médiatique sensationnaliste des crimes impliquant des immigrants peut créer un récit associant l'immigration à une augmentation du danger. Cette représentation contribue aux craintes du public et aux idées fausses sur les communautés immigrantes.

Political Rhetoric: Political discourse surrounding immigration frequently emphasizes security concerns, framing immigrants as potential threats. Such narratives can influence public opinion and lead to calls for stricter immigration policies.

Criminal Justice Policy Changes Affecting Immigration

Changes in criminal justice policies can significantly impact immigrant populations:

Increased Enforcement: Policies aimed at increasing law enforcement presence in immigrant communities can exacerbate fear among residents, discouraging cooperation with police and leading to further isolation.

Legal Consequences: Legislative changes that link criminal activity with immigration status can result in deportations for non-violent offenses, disproportionately affecting immigrant populations. These policies often fail to consider the broader context of social inequality and discrimination faced by these individuals.

Conclusion

The relationship between immigration and crime is shaped by a myriad of factors, including public perception, discrimination, and policy responses. Research indicates that immigrants are not inherently more prone to criminal behavior; rather, they often face systemic challenges that can lead to negative outcomes when coupled with discrimination and social exclusion. Understanding these dynamics is crucial for developing informed policies that promote integration rather than division, ensuring that the contributions of immigrant communities are recognized while addressing the root causes of crime within all populations.

Rhétorique politique : Le discours politique entourant l'immigration met souvent l'accent sur les préoccupations de sécurité, présentant les immigrants comme des menaces potentielles. De tels récits peuvent influencer l'opinion publique et conduire à des appels à des politiques d'immigration plus strictes.

Changements de politique de justice pénale affectant l'immigration

Les changements dans les politiques de justice pénale peuvent avoir un impact significatif sur les populations immigrantes :

Renforcement de l'application des lois : Les politiques visant à accroître la présence des forces de l'ordre dans les communautés immigrantes peuvent exacerber la peur parmi les résidents, décourager la coopération avec la police et conduire à un isolement accru.

Conséquences juridiques : Les changements législatifs qui lient l'activité criminelle au statut d'immigration peuvent entraîner des déportations pour des infractions non violentes, affectant de manière disproportionnée les populations immigrantes. Ces politiques ne tiennent souvent pas compte du contexte plus large de l'inégalité sociale et de la discrimination auxquelles ces personnes sont confrontées.

Conclusion

La relation entre l'immigration et la criminalité est façonnée par une myriade de facteurs, notamment la perception du public, la discrimination et les réponses politiques. La recherche indique que les immigrants ne sont pas intrinsèquement plus enclins au comportement criminel ; au contraire, ils sont souvent confrontés à des défis systémiques qui peuvent entraîner des résultats négatifs lorsqu'ils sont associés à la discrimination et à l'exclusion sociale. Comprendre ces dynamiques est crucial pour développer des politiques éclairées qui favorisent l'intégration plutôt que la division, en veillant à ce que les contributions des communautés immigrantes soient reconnues tout en s'attaquant aux causes profondes de la criminalité au sein de toutes les populations.

8 Representing Crime and Authority

The cultural constructions of crime, disorder, dangerousness, and risk play a significant role in shaping the criminal justice system. These constructs are influenced by the representations created by criminal justice personnel, the media, and academic criminologists. This analysis critically examines how these groups establish their authority through symbols and images to explain and manage crime, as well as how these representations are perceived in public discourse.

Cultural Constructions of Dangerousness

Dangerousness is a central theme in discussions about crime and criminal justice. It refers to the perceived threat posed by individuals or groups, often leading to societal fears and policy responses. The media plays a crucial role in constructing notions of dangerousness through sensationalized reporting of violent crimes.

This portrayal often emphasizes individual offenders—depicting them as predatory and recidivist—while neglecting broader social contexts that contribute to crime. For instance, Chris Greer highlights how media representations create a climate of fear that can lead to punitive measures against entire communities deemed "dangerous" due to their association with crime.

Moreover, the concept of dangerousness extends beyond individual offenders to encompass social groups. For example, immigrants, racial minorities, and individuals with mental health issues are frequently depicted as potential threats, reinforcing societal anxieties about safety and security.

This representation can lead to over-policing and criminalization of marginalized populations, as seen in the treatment of racialized youth in urban areas who are often labeled as "gangs" or "troublemakers".

8 Représentation du Crime et de l'Autorité

Les constructions culturelles du crime, du désordre, du danger et du risque jouent un rôle important dans la formation du système de justice pénale. Ces constructions sont influencées par les représentations créées par le personnel de la justice pénale, les médias et les criminologues universitaires. Cette analyse examine de manière critique comment ces groupes établissent leur autorité à travers des symboles et des images pour expliquer et gérer le crime, ainsi que la façon dont ces représentations sont perçues dans le discours public.

Constructions culturelles du danger

Le danger est un thème central dans les discussions sur le crime et la justice pénale. Il fait référence à la menace perçue posée par des individus ou des groupes, entraînant souvent des craintes sociétales et des réponses politiques. Les médias jouent un rôle crucial dans la construction de notions de danger à travers des reportages sensationnalistes sur les crimes violents.

Cette représentation met souvent l'accent sur les délinquants individuels - les dépeignant comme prédateurs et récidivistes - tout en négligeant les contextes sociaux plus larges qui contribuent à la criminalité. Par exemple, Chris Greer souligne comment les représentations médiatiques créent un climat de peur qui peut conduire à des mesures punitives contre des communautés entières considérées comme « dangereuses » en raison de leur association avec le crime.

De plus, le concept de danger s'étend au-delà des délinquants individuels pour englober des groupes sociaux. Par exemple, les immigrants, les minorités raciales et les personnes ayant des problèmes de santé mentale sont fréquemment dépeints comme des menaces potentielles, renforçant les angoisses sociétales concernant la sécurité et la sûreté.

Cette représentation peut conduire à une surveillance excessive et à la criminalisation des populations marginalisées, comme on le voit dans le traitement des jeunes racialisés dans les zones urbaines qui sont souvent étiquetés comme « gangs » ou « fauteurs de troubles ».

Authority Through Symbols and Images

Criminal justice personnel, including law enforcement and judicial authorities, utilize symbols and images to assert their authority in managing crime. The use of uniforms, badges, and legal jargon serves to establish legitimacy and control over public perceptions of safety. For instance, police officers are often portrayed as protectors of society against dangerous individuals, reinforcing a narrative that positions them as essential figures in maintaining order.

Academic criminologists also contribute to this authority through research that frames crime within specific theoretical paradigms.

By employing concepts like "risk assessment" and "preventive justice," criminologists can influence policy discussions surrounding crime prevention strategies. However, this academic authority can sometimes overlook the complexities of social issues related to crime, leading to simplified narratives that do not account for systemic inequalities.

Public Perception and Discourse

Public perception of crime is heavily influenced by media representations and the narratives constructed by criminal justice personnel. Sensationalized coverage of violent crimes can lead to heightened fears among the public, prompting calls for stricter laws and harsher penalties. This phenomenon is evident in cases where high-profile crimes receive extensive media attention, shaping public discourse around safety and security.

The framing of certain groups as inherently dangerous can also lead to discrimination and stigmatization. For example, asylum seekers may be portrayed as potential terrorists in media narratives, influencing public attitudes towards immigration policies.

Such representations create a feedback loop where public fears are amplified by media portrayals, leading to policy changes that further marginalize already vulnerable populations.

Autorité à travers les symboles et les images

Le personnel de la justice pénale, notamment les forces de l'ordre et les autorités judiciaires, utilise des symboles et des images pour affirmer son autorité dans la gestion du crime. L'utilisation d'uniformes, d'insignes et de jargon juridique sert à établir la légitimité et le contrôle sur les perceptions publiques de la sécurité. Par exemple, les policiers sont souvent dépeints comme des protecteurs de la société contre des individus dangereux, renforçant un récit qui les positionne comme des figures essentielles au maintien de l'ordre.

Les criminologues universitaires contribuent également à cette autorité à travers des recherches qui encadrent le crime dans des paradigmes théoriques spécifiques. En employant des concepts comme « l'évaluation des risques » et la « justice préventive », les criminologues peuvent influencer les discussions politiques sur les stratégies de prévention du crime. Cependant, cette autorité académique peut parfois négliger la complexité des questions sociales liées au crime, conduisant à des récits simplifiés qui ne tiennent pas compte des inégalités systémiques.

Perception publique et discours

La perception publique du crime est fortement influencée par les représentations médiatiques et les récits construits par le personnel de la justice pénale. Une couverture sensationnaliste des crimes violents peut entraîner des craintes accrues parmi le public, incitant à des appels à des lois plus strictes et à des peines plus sévères. Ce phénomène est évident dans les cas où des crimes très médiatisés reçoivent une attention médiatique considérable, façonnant le discours public autour de la sécurité et de la sûreté.

Le cadrage de certains groupes comme intrinsèquement dangereux peut également conduire à la discrimination et à la stigmatisation. Par exemple, les demandeurs d'asile peuvent être dépeints comme des terroristes potentiels dans les récits médiatiques, influençant ainsi l'attitude du public envers les politiques d'immigration.

De telles représentations créent une boucle de rétroaction où les craintes du public sont amplifiées par les représentations médiatiques, conduisant à des changements politiques qui marginalisent davantage les populations déjà vulnérables.

Implications for Criminal Justice Policy

The cultural constructions of crime and dangerousness have significant implications for criminal justice policy. The "preventive turn" in criminal law reflects a growing emphasis on managing perceived risks rather than addressing the root causes of crime. This shift has led to the implementation of preventive measures such as surveillance, profiling, and preemptive detention based on assessments of dangerousness.

These policies often disproportionately affect marginalized communities who are labeled as high-risk based on generalized perceptions rather than individual behavior. The result is a cycle of criminalization that fails to address underlying social issues while reinforcing existing inequalities within the criminal justice system.

Conclusion

Cultural constructions of crime, disorder, dangerousness, and risk are integral to understanding the dynamics of the criminal justice system. The authority established by criminal justice personnel, media representations, and academic discourse shapes public perceptions and influences policy decisions. Recognizing these constructs is essential for developing more equitable approaches to crime prevention and addressing systemic inequalities within society. By critically examining how dangerousness is constructed and represented, stakeholders can work towards more informed policies that prioritize social justice over punitive measures driven by fear.

Implications pour la politique de justice pénale

Les constructions culturelles du crime et du danger ont des implications importantes pour la politique de justice pénale. Le « virage préventif » en droit pénal reflète un accent croissant sur la gestion des risques perçus plutôt que sur le traitement des causes profondes de la criminalité. Ce changement a conduit à la mise en œuvre de mesures préventives telles que la surveillance, le profilage et la détention préventive, basées sur des évaluations du danger.

Ces politiques affectent souvent de manière disproportionnée les communautés marginalisées qui sont étiquetées comme à haut risque en fonction de perceptions généralisées plutôt que de comportements individuels. Il en résulte un cycle de criminalisation qui ne parvient pas à s'attaquer aux problèmes sociaux sous-jacents tout en renforçant les inégalités existantes au sein du système de justice pénale.

Conclusion

Les constructions culturelles du crime, du désordre, du danger et du risque font partie intégrante de la compréhension de la dynamique du système de justice pénale. L'autorité établie par le personnel de la justice pénale, les représentations médiatiques et le discours académique façonne les perceptions du public et influence les décisions politiques. Reconnaître ces constructions est essentiel pour développer des approches plus équitables de la prévention du crime et s'attaquer aux inégalités systémiques au sein de la société. En examinant de manière critique la façon dont le danger est construit et représenté, les parties prenantes peuvent travailler à des politiques plus éclairées qui privilégient la justice sociale par rapport aux mesures punitives motivées par la peur.

9 Origins of Criminal Justice

The intersection of criminal justice practice and political debate regarding crime is significantly influenced by ideas developed outside the traditional criminal justice arena. This article examines various concepts, including the role of religious practice in rehabilitation, the impact of military service and sports participation on delinquency prevention, environmental pollution's influence on crime rates, the notion of the "problem family," intelligence-based policing, and the application of management theories within criminal justice organizations.

The Role of Religious Practice in Rehabilitation

Research indicates that religious involvement can play a protective role against crime and delinquency. Faith-based programs have shown effectiveness in rehabilitating offenders, with studies suggesting that participation in religious activities correlates with lower recidivism rates. For example, programs like Teen Challenge have demonstrated success in helping participants maintain sobriety and employment compared to non-participants. The protective effects of religion are particularly pronounced in communities facing high levels of crime, where religious institutions can provide support and promote prosocial behaviors. This connection underscores the potential for integrating religious practices into rehabilitation efforts within the criminal justice system.

Military Service and Sports Participation as Preventive Measures

Engagement in military service and organized sports has been posited as a means to prevent delinquency. Both activities promote discipline, teamwork, and social responsibility, which can deter individuals from engaging in criminal behavior. Research suggests that youth who participate in sports are less likely to engage in delinquent activities due to the positive social networks and structured environments they provide. Similarly, military service instills values of responsibility and accountability, potentially reducing the likelihood of future criminality. These concepts highlight how societal institutions can contribute to crime prevention beyond traditional law enforcement methods.

9 Origines de la Justice Pénale

L'intersection entre la pratique de la justice pénale et le débat politique sur la criminalité est fortement influencée par des idées développées en dehors du champ traditionnel de la justice pénale. Cet article examine divers concepts, notamment le rôle de la pratique religieuse dans la réhabilitation, l'impact du service militaire et de la participation aux sports sur la prévention de la délinquance, l'influence de la pollution environnementale sur les taux de criminalité, la notion de "famille à problèmes", le maintien de l'ordre fondé sur le renseignement et l'application de théories managériales au sein des organisations de justice pénale.

Le rôle de la pratique religieuse dans la réhabilitation

Les recherches indiquent que l'implication religieuse peut jouer un rôle protecteur contre la criminalité et la délinquance. Les programmes religieux ont montré leur efficacité dans la réhabilitation des délinquants, des études suggérant que la participation à des activités religieuses est corrélée à des taux de récidive plus faibles. Par exemple, des programmes comme Teen Challenge ont démontré leur succès en aidant les participants à maintenir leur sobriété et leur emploi par rapport aux non-participants. Les effets protecteurs de la religion sont particulièrement prononcés dans les communautés confrontées à des niveaux élevés de criminalité, où les institutions religieuses peuvent fournir un soutien et promouvoir des comportements prosociaux. Ce lien souligne le potentiel d'intégrer les pratiques religieuses dans les efforts de réhabilitation au sein du système de justice pénale.

Le service militaire et la participation aux sports comme mesures préventives

L'engagement dans le service militaire et les sports organisés a été présenté comme un moyen de prévenir la délinquance. Ces deux activités favorisent la discipline, le travail d'équipe et le sens des responsabilités, ce qui peut dissuader les individus de se livrer à des comportements criminels. Les recherches suggèrent que les jeunes qui pratiquent un sport sont moins susceptibles de se livrer à des activités délictueuses en raison des réseaux sociaux positifs et des environnements structurés qu'ils offrent. De même, le service militaire inculque des valeurs de responsabilité et de reddition de comptes, réduisant potentiellement le risque de criminalité future. Ces concepts soulignent comment les institutions sociétales peuvent contribuer à la prévention de la criminalité au-delà des méthodes traditionnelles d'application de la loi.

Environmental Pollution and Crime Rates

The influence of environmental factors on crime rates has garnered increasing attention in criminological research. Studies indicate that areas with higher levels of pollution often experience elevated crime rates. Theories suggest that environmental degradation can lead to social disorganization, which diminishes community cohesion and increases opportunities for criminal behavior. For instance, neighborhoods with poor air quality or contaminated spaces may see higher incidences of violence or property crimes due to the stressors associated with such environments. This relationship emphasizes the need for interdisciplinary approaches that consider environmental health as a factor in crime prevention strategies.

The Concept of the Problem Family

The idea of the "problem family" reflects societal perceptions regarding family structures and their correlation with criminal behavior. Families characterized by instability, economic hardship, or substance abuse are often viewed as breeding grounds for delinquency. This concept influences public policy and intervention strategies aimed at addressing familial issues as a means to reduce crime rates. However, labeling families as "problems" can perpetuate stigma and overlook systemic factors contributing to their circumstances. A more nuanced understanding is necessary to develop effective support systems that address underlying issues rather than simply categorizing families based on perceived dysfunction.

Intelligence-Based Policing

Intelligence-based policing represents a shift towards data-driven approaches in law enforcement. By utilizing data analytics and intelligence gathering, police departments aim to identify patterns of criminal activity and allocate resources more effectively. This approach has been shown to enhance public safety by focusing efforts on high-risk areas and individuals. However, it also raises concerns about privacy rights and potential biases in data interpretation. The reliance on technology must be balanced with ethical considerations to ensure fair treatment across communities.

Pollution environnementale et taux de criminalité

L'influence des facteurs environnementaux sur les taux de criminalité a suscité un intérêt croissant dans la recherche criminologique. Des études indiquent que les zones à niveaux de pollution élevés connaissent souvent des taux de criminalité élevés. Des théories suggèrent que la dégradation environnementale peut conduire à une désorganisation sociale, ce qui diminue la cohésion communautaire et augmente les opportunités de comportements criminels. Par exemple, les quartiers avec une mauvaise qualité de l'air ou des espaces contaminés peuvent connaître des taux plus élevés de violence ou de crimes contre les biens en raison des facteurs de stress associés à ces environnements. Cette relation souligne la nécessité d'approches interdisciplinaires qui considèrent la santé environnementale comme un facteur dans les stratégies de prévention de la criminalité.

Le concept de la famille à problèmes

L'idée de la "famille à problèmes" reflète les perceptions sociétales concernant les structures familiales et leur corrélation avec le comportement criminel. Les familles caractérisées par l'instabilité, les difficultés économiques ou la toxicomanie sont souvent considérées comme des terrains propices à la délinquance. Ce concept influence les politiques publiques et les stratégies d'intervention visant à s'attaquer aux problèmes familiaux afin de réduire les taux de criminalité. Cependant, qualifier les familles de "problématiques" peut perpétuer la stigmatisation et négliger les facteurs systémiques contribuant à leur situation. Une compréhension plus nuancée est nécessaire pour développer des systèmes de soutien efficaces qui s'attaquent aux problèmes sous-jacents plutôt que de simplement catégoriser les familles en fonction de leur dysfonctionnement perçu.

Police fondée sur le renseignement

La police fondée sur le renseignement représente un changement vers des approches axées sur les données dans l'application de la loi. En utilisant l'analyse de données et le renseignement, les services de police visent à identifier les tendances de l'activité criminelle et à allouer les ressources plus efficacement. Cette approche s'est avérée améliorer la sécurité publique en concentrant les efforts sur les zones et les individus à haut risque. Cependant, elle soulève également des préoccupations concernant les droits à la vie privée et les biais potentiels dans l'interprétation des données. La dépendance à la technologie doit être équilibrée avec des considérations éthiques pour assurer un traitement équitable dans toutes les communautés.

Management Theories in Criminal Justice Organizations

The application of management theories within criminal justice organizations aims to improve efficiency and effectiveness in operations. Concepts such as total quality management (TQM) and performance measurement are increasingly being adopted to enhance accountability and service delivery within police departments and correctional facilities. These theories emphasize the importance of organizational culture, employee engagement, and stakeholder collaboration in achieving desired outcomes. However, implementing these theories requires careful consideration of the unique challenges inherent in managing public safety institutions.

Conclusion

The interplay between ideas developed outside the traditional criminal justice arena and their influence on crime policy highlights the complexity of addressing crime in contemporary society. Concepts such as religious involvement, military service, environmental factors, family dynamics, intelligence-based policing, and management theories all contribute to shaping criminal justice practices and policies. Understanding these influences can lead to more comprehensive approaches that address the root causes of crime while promoting rehabilitation and community well-being. As discussions around crime continue to evolve, integrating diverse perspectives will be crucial for developing effective strategies that enhance public safety while respecting individual rights.

Théories de gestion dans les organisations de justice pénale

L'application de théories de gestion au sein des organisations de justice pénale vise à améliorer l'efficacité et l'efficience des opérations. Des concepts tels que la gestion de la qualité totale (TQM) et la mesure de la performance sont de plus en plus adoptés pour améliorer la responsabilité et la prestation de services au sein des services de police et des établissements correctionnels. Ces théories soulignent l'importance de la culture organisationnelle, de l'engagement des employés et de la collaboration des parties prenantes pour atteindre les résultats souhaités. Cependant, la mise en œuvre de ces théories nécessite une attention particulière aux défis uniques inhérents à la gestion des institutions de sécurité publique.

Conclusion

L'interaction entre les idées développées en dehors du champ traditionnel de la justice pénale et leur influence sur la politique criminelle souligne la complexité de la lutte contre la criminalité dans la société contemporaine. Des concepts tels que l'implication religieuse, le service militaire, les facteurs environnementaux, la dynamique familiale, la police fondée sur le renseignement et les théories de gestion contribuent tous à façonner les pratiques et les politiques de la justice pénale. Comprendre ces influences peut conduire à des approches plus complètes qui s'attaquent aux causes profondes de la criminalité tout en favorisant la réhabilitation et le bien-être communautaire. À mesure que les discussions sur la criminalité continuent d'évoluer, l'intégration de perspectives diverses sera cruciale pour développer des stratégies efficaces qui améliorent la sécurité publique tout en respectant les droits individuels.

10 Indigenous Law: Canada exemple

The relationship between Indigenous law and settler state law in Canada is intricate and shaped by historical treaties, constitutional frameworks, and ongoing struggles for sovereignty and self-determination. This article examines various aspects of this relationship, including legal sources, forms and processes; sovereignty, territory, and jurisdiction; treaty relationships; Indigenous peoples in international law; Indigenous rights and the constitution; environmental use and protection; and Indigenous self-determination and governance.

Legal Sources, Forms, and Processes

Indigenous law is derived from the customs, traditions, and practices of Indigenous peoples. It encompasses a wide range of legal principles that govern their relationships with each other and with the land. In contrast, settler state law is based on statutory frameworks established by Canadian governments. The Constitution Act of 1982 recognizes the rights of Indigenous peoples under Section 35, which affirms existing Aboriginal and treaty rights.

Forms of Legal Practice: Indigenous legal traditions often emphasize restorative justice principles, community involvement, and consensus-building. Settler state law typically follows an adversarial model focused on punitive measures. The coexistence of these legal systems presents challenges in cases where both laws may apply.

Sovereignty, Territory, and Jurisdiction

Sovereignty is a critical aspect of the relationship between Indigenous nations and the Canadian state. While the Crown asserts sovereignty over Canadian territory, many Indigenous nations maintain that their sovereignty predates colonial claims. The Supreme Court of Canada has recognized that Aboriginal title exists and that it predates Crown sovereignty. This recognition has significant implications for land use and governance.

10 Droit autochtone : Exemple du Canada

La relation entre le droit autochtone et le droit de l'État colonisateur au Canada est complexe et façonnée par des traités historiques, des cadres constitutionnels et des luttes continues pour la souveraineté et l'autodétermination. Cet article examine divers aspects de cette relation, notamment les sources, les formes et les processus juridiques ; la souveraineté, le territoire et la juridiction ; les relations traitées ; les peuples autochtones en droit international ; les droits autochtones et la constitution ; l'utilisation et la protection de l'environnement ; ainsi que l'autodétermination et la gouvernance autochtones.

Sources, formes et processus juridiques

Le droit autochtone est issu des coutumes, traditions et pratiques des peuples autochtones. Il englobe un large éventail de principes juridiques qui régissent leurs relations entre eux et avec la terre. En revanche, le droit de l'État colonisateur est basé sur des cadres législatifs établis par les gouvernements canadiens. La Loi constitutionnelle de 1982 reconnaît les droits des peuples autochtones en vertu de l'article 35, qui affirme les droits ancestraux et issus de traités existants.

Formes de pratique juridique: Les traditions juridiques autochtones mettent souvent l'accent sur les principes de justice réparatrice, la participation communautaire et la recherche de consensus. Le droit de l'État colonisateur suit généralement un modèle adversarial axé sur les mesures punitives. La coexistence de ces systèmes juridiques pose des défis dans les cas où les deux lois peuvent s'appliquer.

Souveraineté, territoire et juridiction

La souveraineté est un aspect crucial de la relation entre les nations autochtones et l'État canadien. Alors que la Couronne revendique la souveraineté sur le territoire canadien, de nombreuses nations autochtones affirment que leur souveraineté précède les revendications coloniales. La Cour suprême du Canada a reconnu l'existence du titre ancestral et qu'il précède la souveraineté de la Couronne. Cette reconnaissance a des implications importantes pour l'utilisation des terres et la gouvernance.

Jurisdictional Issues: The division of jurisdiction between federal and provincial governments complicates matters further. Section 91(24) of the Constitution Act gives the federal government exclusive authority over "Indians" and "Lands reserved for the Indians," but this often overlaps with provincial responsibilities in areas such as education and child welfare. The resulting jurisdictional ambiguity can hinder effective governance for Indigenous communities.

Treaty Relationships

Treaties form a foundational aspect of the relationship between Indigenous peoples and the Crown. Historically, treaties were agreements made to establish mutual recognition and respect between parties. However, many treaties have been inadequately honored or interpreted by settler states.

Modern Treaties: In addition to historic treaties, modern treaties—also known as comprehensive land claim agreements—have been negotiated since 1975. These agreements often include provisions for self-government, resource management, and financial compensation. They aim to create a framework for cooperation that respects Indigenous rights while addressing historical grievances.

Indigenous Peoples in International Law

Indigenous peoples have gained recognition in international law through instruments such as the United Nations Declaration on the Rights of Indigenous Peoples (UNDRIP). This declaration emphasizes the rights of Indigenous nations to self-determination, control over their lands, resources, and cultural practices.

Influence on Canadian Law: Canada has committed to implementing UNDRIP in partnership with Indigenous peoples. This commitment reflects a broader movement toward recognizing Indigenous rights within both domestic and international legal frameworks.

Indigenous Rights and the Constitution

The Constitution Act of 1982 plays a pivotal role in affirming Indigenous rights in Canada. Section 35 recognizes existing Aboriginal rights without extinguishing them. This constitutional protection provides a basis for legal challenges against policies that infringe upon these rights.

Questions de compétence: La division des compétences entre les gouvernements fédéral et provinciaux complique encore davantage la situation. L'article 91(24) de la Loi constitutionnelle confère au gouvernement fédéral le pouvoir exclusif sur les « Indiens » et les « terres réservées aux Indiens », mais cela chevauche souvent les responsabilités provinciales dans des domaines tels que l'éducation et le bien-être de l'enfance. L'ambiguïté juridictionnelle qui en résulte peut entraver une gouvernance efficace pour les communautés autochtones.

Relations traitées

Les traités constituent un aspect fondamental de la relation entre les peuples autochtones et la Couronne. Historiquement, les traités étaient des accords conclus pour établir une reconnaissance et un respect mutuels entre les parties. Cependant, de nombreux traités n'ont pas été suffisamment honorés ou interprétés par les États coloniaux.

Traités modernes: En plus des traités historiques, des traités modernes, également appelés accords de revendication territoriale globale, sont négociés depuis 1975. Ces accords comprennent souvent des dispositions relatives à l'autonomie gouvernementale, à la gestion des ressources et à une compensation financière. Ils visent à créer un cadre de coopération qui respecte les droits autochtones tout en répondant aux griefs historiques.

Peuples autochtones en droit international

Les peuples autochtones ont été reconnus en droit international par le biais d'instruments tels que la Déclaration des Nations Unies sur les droits des peuples autochtones (DNUDPA). Cette déclaration souligne les droits des nations autochtones à l'autodétermination, au contrôle de leurs terres, de leurs ressources et de leurs pratiques culturelles.

Influence sur le droit canadien: Le Canada s'est engagé à mettre en œuvre la DNUDPA en partenariat avec les peuples autochtones. Cet engagement reflète un mouvement plus large visant à reconnaître les droits autochtones dans les cadres juridiques nationaux et internationaux.

Droits autochtones et Constitution

La Loi constitutionnelle de 1982 joue un rôle central dans l'affirmation des droits autochtones au Canada. L'article 35 reconnaît les droits ancestraux existants sans les éteindre. Cette protection constitutionnelle fournit une base pour contester légalement les politiques qui portent atteinte à ces droits.

Court Decisions: Landmark cases such as Tsilhqot'in Nation v. British Columbia (2014) have reinforced the understanding that Aboriginal title exists independently of Crown sovereignty. Such rulings have significant implications for land use decisions affecting Indigenous territories.

Environmental Use, Relations, and Protection

Indigenous communities often have deep-rooted connections to their lands, viewing environmental stewardship as integral to their cultural identity. The intersection of environmental protection and Indigenous rights has become increasingly prominent in legal discussions.

Environmental Law: Many Indigenous groups advocate for their traditional ecological knowledge to be incorporated into environmental assessments and decision-making processes. This approach emphasizes sustainable practices that respect both cultural heritage and ecological balance.

Indigenous Self-Determination and Governance

Self-determination is a cornerstone principle for many Indigenous nations seeking to reclaim authority over their governance structures. The right to self-determination allows communities to make decisions regarding their political status, economic development, social systems, and cultural practices.

Governance Models: Various models of governance exist among Indigenous nations, reflecting diverse cultural traditions. Some communities have opted for self-government agreements that grant them authority over specific areas such as education or health care.

Conclusion

The complex interrelationship between Indigenous law and settler state law in Canada highlights ongoing tensions surrounding sovereignty, territory, treaty relationships, environmental protection, and self-determination. As Canada continues its journey toward reconciliation with Indigenous peoples, recognizing the legitimacy of both legal systems will be essential for fostering mutual respect and cooperation. By embracing this complexity, stakeholders can work towards a more equitable framework that honors the rights and aspirations of Indigenous nations while addressing historical injustices rooted in colonialism.

Décisions judiciaires: Des affaires marquantes comme Tsilhqot'in Nation c. Colombie-Britannique (2014) ont renforcé la compréhension que le titre ancestral existe indépendamment de la souveraineté de la Couronne. De telles décisions ont des implications importantes pour les décisions d'utilisation des terres affectant les territoires autochtones.

Utilisation, relations et protection de l'environnement

Les communautés autochtones ont souvent des liens profonds avec leurs terres, considérant la gestion environnementale comme faisant partie intégrante de leur identité culturelle. L'intersection de la protection de l'environnement et des droits autochtones est devenue de plus en plus importante dans les discussions juridiques.

Droit de l'environnement: De nombreux groupes autochtones préconisent l'intégration de leurs connaissances écologiques traditionnelles dans les évaluations environnementales et les processus décisionnels. Cette approche met l'accent sur des pratiques durables qui respectent à la fois le patrimoine culturel et l'équilibre écologique.

Autodétermination et gouvernance autochtones

L'autodétermination est un principe fondamental pour de nombreuses nations autochtones cherchant à reprendre le contrôle de leurs structures de gouvernance. Le droit à l'autodétermination permet aux communautés de prendre des décisions concernant leur statut politique, leur développement économique, leurs systèmes sociaux et leurs pratiques culturelles.

Modèles de gouvernance: Divers modèles de gouvernance existent parmi les nations autochtones, reflétant des traditions culturelles diverses. Certaines communautés ont opté pour des accords d'autonomie gouvernementale qui leur confèrent une autorité sur des domaines spécifiques tels que l'éducation ou les soins de santé.

Conclusion

L'interrelation complexe entre le droit autochtone et le droit de l'État colonisateur au Canada met en évidence les tensions persistantes concernant la souveraineté, le territoire, les relations traitées, la protection de l'environnement et l'autodétermination. Alors que le Canada poursuit son chemin vers la réconciliation avec les peuples autochtones, la reconnaissance de la légitimité des deux systèmes juridiques sera essentielle pour favoriser le respect mutuel et la coopération. En embrassant cette complexité, les parties prenantes peuvent œuvrer à un cadre plus équitable qui honore les droits et les aspirations des nations autochtones tout en s'attaquant aux injustices historiques enracinées dans le colonialisme.

11 The Prosecution Process

The process by which certain conduct is identified, prosecuted, and punished as "crime" involves a complex interplay of societal norms, legal frameworks, and individual circumstances. This examination delves into how individuals become labeled as "criminals," the evolution of the modern prosecution system, and critical issues such as prosecutorial discretion, rules of evidence, socially constructed defenses, disparities in sentencing, and wrongful convictions.

The Criminalization Process

The criminalization process begins with the identification of certain behaviors as deviant or harmful to society. This identification is influenced by various factors, including cultural norms, political agendas, and social movements.

- **Defining Crime:** Crime is not an inherent quality of certain acts but is socially constructed through laws and societal perceptions. What is considered criminal behavior can vary significantly across different cultures and historical contexts.

- **Labeling Theory:** This sociological perspective posits that individuals become "criminals" through societal labeling processes. Once labeled, individuals may internalize this identity, leading to further criminal behavior—a phenomenon known as secondary deviance.

Evolution of the Modern Prosecution System

The modern prosecution system has evolved significantly over time, shaped by changes in legal philosophy, societal values, and political influences.

Prosecutorial Discretion: Prosecutors hold significant power in deciding which cases to pursue and how to charge individuals. This discretion can lead to inconsistencies in how laws are applied and can reflect biases based on race, socioeconomic status, or other factors. The exercise of discretion raises ethical questions about fairness and justice within the legal system.

11 Le Processus de Poursuite Pénale

Le processus par lequel certains comportements sont identifiés, poursuivis et punis en tant que « crimes » implique une interaction complexe de normes sociales, de cadres juridiques et de circonstances individuelles. Cet examen plonge dans la manière dont les individus sont étiquetés comme « criminels », l'évolution du système de poursuite pénale moderne et des questions critiques telles que le pouvoir discrétionnaire du ministère public, les règles de preuve, les défenses socialement construites, les disparités dans la détermination de la peine et les condamnations erronées.

Le Processus de Criminalisation

Le processus de criminalisation commence par l'identification de certains comportements comme déviants ou nuisibles à la société. Cette identification est influencée par divers facteurs, notamment les normes culturelles, les agendas politiques et les mouvements sociaux.

- **Définition du crime:** Le crime n'est pas une qualité inhérente à certains actes, mais est socialement construit à travers les lois et les perceptions sociales. Ce qui est considéré comme un comportement criminel peut varier considérablement selon les cultures et les contextes historiques.

- **Théorie de l'étiquetage:** Cette perspective sociologique postule que les individus deviennent « criminels » à travers des processus d'étiquetage social. Une fois étiquetés, les individus peuvent internaliser cette identité, conduisant à un comportement criminel supplémentaire - un phénomène connu sous le nom de déviance secondaire.

Évolution du système de poursuite pénale moderne

Le système de poursuite pénale moderne a considérablement évolué au fil du temps, sous l'influence de l'évolution de la philosophie juridique, des valeurs sociales et des influences politiques.

Pouvoir discrétionnaire du ministère public: Les procureurs détiennent un pouvoir considérable dans la décision des affaires à poursuivre et de la manière de charger les individus. Cette discrétion peut conduire à des incohérences dans l'application des lois et peut refléter des biais basés sur la race, le statut socioéconomique ou d'autres facteurs. L'exercice de la discrétion soulève des questions éthiques sur l'équité et la justice au sein du système juridique.

Rules of Evidence: The rules governing what evidence can be presented in court are crucial for ensuring fair trials. These rules are designed to exclude unreliable or prejudicial information but can also create barriers to justice if improperly applied. For instance, the exclusionary rule prevents illegally obtained evidence from being used against defendants but may also shield guilty parties from prosecution.

Socially Constructed Defenses

Defenses in criminal cases often reflect societal attitudes toward certain behaviors or groups:

Cultural Context: Some defenses may be socially constructed based on prevailing cultural norms. For example, defenses related to mental health issues have gained traction as society increasingly recognizes the complexities of mental illness. However, these defenses can also be subject to bias based on stereotypes about mental health.

Gendered Defenses: In cases involving domestic violence or sexual assault, defenses such as "battered woman syndrome" illustrate how societal understandings of gender roles influence legal outcomes. These defenses can provide context for an individual's actions but may also lead to victim-blaming narratives.

Disparities in Sentencing

Sentencing disparities highlight systemic inequalities within the criminal justice system:

Racial Disparities: Research shows that racial minorities often receive harsher sentences compared to their white counterparts for similar offenses. This disparity raises concerns about systemic racism within the legal framework.

Règles de preuve: Les règles régissant la présentation des preuves devant les tribunaux sont cruciales pour assurer des procès équitables. Ces règles sont conçues pour exclure les informations non fiables ou préjudiciables, mais peuvent également créer des obstacles à la justice si elles sont mal appliquées. Par exemple, la règle d'exclusion empêche l'utilisation de preuves obtenues illégalement contre les accusés, mais peut également protéger les coupables de poursuites judiciaires.

Défenses socialement construites

Les défenses dans les affaires criminelles reflètent souvent les attitudes sociales envers certains comportements ou groupes :

- **Contexte culturel:** Certaines défenses peuvent être socialement construites en fonction des normes culturelles dominantes. Par exemple, les défenses liées aux problèmes de santé mentale ont gagné en importance à mesure que la société reconnaît de plus en plus la complexité de la maladie mentale. Cependant, ces défenses peuvent également être sujettes à des biais basés sur les stéréotypes liés à la santé mentale.
- **Défenses genrées:** Dans les cas de violence domestique ou d'agression sexuelle, des défenses telles que le « syndrome de la femme battue » illustrent comment la compréhension sociale des rôles de genre influence les résultats juridiques. Ces défenses peuvent fournir un contexte pour les actions d'un individu, mais peuvent également conduire à des récits de blâme de la victime.

Disparités dans la détermination de la peine

Les disparités dans la détermination de la peine mettent en évidence les inégalités systémiques au sein du système de justice pénale :

- **Disparités raciales:** Des recherches montrent que les minorités raciales reçoivent souvent des peines plus sévères que leurs homologues blancs pour des infractions similaires. Cette disparité soulève des préoccupations concernant le racisme systémique au sein du cadre juridique.

Socioeconomic Factors:

Individuals from lower socioeconomic backgrounds may lack access to quality legal representation, leading to less favorable outcomes in court. The intersection of race and class further complicates these disparities.

Wrongful Convictions

Wrongful convictions pose a significant challenge to the integrity of the criminal justice system:

Causes: Factors contributing to wrongful convictions include eyewitness misidentification, false confessions, inadequate legal defense, and prosecutorial misconduct. These errors highlight vulnerabilities within the investigative and prosecutorial processes.

Impact: Wrongful convictions not only harm the individuals affected but also undermine public trust in the justice system. High-profile exonerations have prompted calls for reforms aimed at preventing future injustices.

Conclusion

The process by which conduct is identified as "crime" and individuals are labeled as "criminals" is deeply intertwined with societal values and systemic structures within the criminal justice system. Understanding this complex interplay is essential for addressing issues such as prosecutorial discretion, sentencing disparities, and wrongful convictions. By critically examining these processes, stakeholders can work towards a more equitable and just legal framework that recognizes the nuances of human behavior while holding individuals accountable for their actions.

Facteurs socioéconomiques:

Les personnes issues de milieux socioéconomiques défavorisés peuvent ne pas avoir accès à une représentation juridique de qualité, ce qui peut conduire à des résultats moins favorables devant les tribunaux. L'intersection de la race et de la classe complique encore davantage ces disparités.

Condamnations erronées

Les condamnations erronées constituent un défi majeur pour l'intégrité du système de justice pénale :

- **Causes:** Les facteurs contribuant aux condamnations erronées comprennent l'identification erronée des témoins oculaires, les fausses confessions, la défense juridique inadéquate et la mauvaise conduite du ministère public. Ces erreurs mettent en évidence les vulnérabilités au sein des processus d'enquête et de poursuite.
- **Impact:** Les condamnations erronées nuisent non seulement aux personnes touchées, mais sapent également la confiance du public dans le système judiciaire. Les exonérations de haut profil ont suscité des appels à des réformes visant à prévenir de futures injustices.

Conclusion

Le processus par lequel un comportement est identifié comme « crime » et les individus sont étiquetés comme « criminels » est profondément lié aux valeurs sociales et aux structures systémiques du système de justice pénale. Comprendre cette interaction complexe est essentiel pour aborder des questions telles que le pouvoir discrétionnaire du ministère public, les disparités dans la détermination de la peine et les condamnations erronées. En examinant de manière critique ces processus, les parties prenantes peuvent œuvrer à un cadre juridique plus équitable et juste qui reconnaît les nuances du comportement humain tout en tenant les individus responsables de leurs actes.

12 Organized Crime and Corruption

The History and Characteristics of Organized Crime and Corruption

Organized crime and corruption are complex phenomena that have evolved over time, deeply intertwined with social, economic, and political contexts. This article explores the historical development of organized crime, its characteristics, and the pervasive influence of corruption within these criminal networks.

Historical Development of Organized Crime

Organized crime has roots that trace back centuries, often emerging in response to socio-political conditions. Key historical milestones include:

19th Century Foundations: The Sicilian Mafia began to solidify its power in the 1860s, establishing a model for organized crime that would influence similar groups worldwide. During this period, criminal organizations often filled power vacuums left by weak state institutions.

Prohibition Era (1920-1933): In the United States, the prohibition of alcohol led to a significant rise in organized crime as groups like the Chicago Outfit and the Genovese family capitalized on illegal markets. This era highlighted the relationship between organized crime and public corruption, as law enforcement and political figures were frequently bribed to overlook illegal activities.

Globalization and Modernization: The late 20th century saw organized crime evolve into transnational networks involved in drug trafficking, human trafficking, and cybercrime. Globalization facilitated these developments by providing new markets and opportunities for criminal enterprises.

12 Crime Organisé et Corruption

Histoire et Caractéristiques du Crime Organisé et de la Corruption

Le crime organisé et la corruption sont des phénomènes complexes qui ont évolué au fil du temps, étroitement liés aux contextes sociaux, économiques et politiques. Cet article explore le développement historique du crime organisé, ses caractéristiques et l'influence omniprésente de la corruption au sein de ces réseaux criminels.

Développement Historique du Crime Organisé

Le crime organisé a des racines qui remontent à plusieurs siècles, émergeant souvent en réponse à des conditions socio-politiques. Les principales étapes historiques comprennent :

Fondations du 19ème Siècle: La mafia sicilienne a commencé à consolider son pouvoir dans les années 1860, établissant un modèle de crime organisé qui influencerait des groupes similaires dans le monde entier. Pendant cette période, les organisations criminelles remplissaient souvent les vides de pouvoir laissés par des institutions étatiques faibles.

Ère de la Prohibition (1920-1933): Aux États-Unis, la prohibition de l'alcool a entraîné une augmentation significative du crime organisé, des groupes comme le Chicago Outfit et la famille Genovese capitalisant sur les marchés illégaux. Cette époque a mis en évidence la relation entre le crime organisé et la corruption publique, les forces de l'ordre et les figures politiques étant fréquemment soudoyées pour fermer les yeux sur les activités illégales.

Globalisation et Modernisation: La fin du 20ème siècle a vu le crime organisé évoluer en réseaux transnationaux impliqués dans le trafic de drogue, la traite des êtres humains et la cybercriminalité. La mondialisation a facilité ces développements en offrant de nouveaux marchés et opportunités aux entreprises criminelles.

Characteristics of Organized Crime

Organized crime is characterized by several key features:

Hierarchical Structure: Many organized crime groups operate with a clear hierarchy, often resembling corporate structures. Leaders delegate responsibilities to various members, creating specialized roles within the organization.

Criminal Enterprises: Organized crime groups engage in a wide range of illicit activities, including drug trafficking, arms smuggling, extortion, money laundering, and human trafficking. These enterprises are often highly profitable and operate across national borders.

Corruption: Corruption is a hallmark of organized crime. Criminal organizations frequently seek protection from law enforcement and government officials through bribery or coercion. This relationship can lead to "state capture," where criminal entities exert influence over public institutions to further their interests.

Violence and Intimidation: Organized crime often employs violence as a means of enforcing loyalty and eliminating competition. Intimidation tactics can extend beyond rival gangs to include law enforcement and political figures who threaten their operations.

Corruption's Role in Organized Crime

The relationship between organized crime and corruption is symbiotic:

Facilitation of Criminal Activity: Corruption allows organized crime groups to operate with relative impunity. By corrupting officials at various levels, these groups can evade prosecution and maintain control over their territories.

Impact on Governance: High levels of corruption undermine democratic governance and erode public trust in institutions. When state actors are complicit in criminal activities, it becomes increasingly difficult to combat organized crime effectively.

Case Studies: Countries such as Mexico illustrate the devastating effects of corruption on public safety and governance. The collusion between drug cartels and law enforcement has led to widespread violence and instability.

Caractéristiques du Crime Organisé

Le crime organisé se caractérise par plusieurs traits clés :

Structure Hiérarchique: De nombreux groupes du crime organisé fonctionnent avec une hiérarchie claire, souvent ressemblant à des structures corporatives. Les dirigeants délèguent des responsabilités à divers membres, créant des rôles spécialisés au sein de l'organisation.

Entreprises Criminelles: Les groupes du crime organisé s'engagent dans une large gamme d'activités illicites, notamment le trafic de drogue, le trafic d'armes, l'extorsion, le blanchiment d'argent et la traite des êtres humains. Ces entreprises sont souvent très rentables et opèrent à travers les frontières nationales.

Corruption: La corruption est une marque de fabrique du crime organisé. Les organisations criminelles cherchent souvent la protection des forces de l'ordre et des fonctionnaires gouvernementaux par le biais de la corruption ou de la coercition. Cette relation peut conduire à la « capture de l'État », où des entités criminelles exercent une influence sur les institutions publiques pour servir leurs intérêts.

Violence et Intimidation: Le crime organisé utilise souvent la violence comme moyen d'imposer la loyauté et d'éliminer la concurrence. Les tactiques d'intimidation peuvent s'étendre au-delà des gangs rivaux pour inclure les forces de l'ordre et les figures politiques qui menacent leurs opérations.

Le Rôle de la Corruption dans le Crime Organisé

La relation entre le crime organisé et la corruption est symbiotique :

Facilitation de l'Activité Criminelle: La corruption permet aux groupes du crime organisé d'opérer en relative impunité. En corrompant des fonctionnaires à divers niveaux, ces groupes peuvent échapper aux poursuites et maintenir le contrôle sur leurs territoires.

Impact sur la Gouvernance: Des niveaux élevés de corruption minent la gouvernance démocratique et érodent la confiance du public dans les institutions. Lorsque les acteurs étatiques sont complices d'activités criminelles, il devient de plus en plus difficile de combattre efficacement le crime organisé.

Études de Cas: Des pays comme le Mexique illustrent les effets dévastateurs de la corruption sur la sécurité publique et la gouvernance. La collusion entre les cartels de la drogue et les forces de l'ordre a entraîné une violence et une instabilité généralisées.

Contemporary Challenges

The evolution of organized crime presents ongoing challenges for law enforcement and policymakers:

Transnational Networks: Modern organized crime operates across borders, complicating efforts to combat it. International cooperation is essential for addressing these challenges effectively.

Technological Advancements: The rise of the internet has enabled new forms of organized crime, including cybercrime and online trafficking networks. Law enforcement agencies must adapt their strategies to address these evolving threats.

Policy Responses: Effective responses require comprehensive strategies that address both the symptoms and root causes of organized crime. This includes strengthening legal frameworks, enhancing transparency in government operations, and fostering community resilience against criminal influences.

Conclusion

The history and characteristics of organized crime reveal a persistent challenge that continues to evolve alongside societal changes. Understanding the interplay between organized crime and corruption is crucial for developing effective strategies to combat these issues. As criminal networks adapt to new technologies and global dynamics, a coordinated international response will be essential for safeguarding public safety and restoring trust in institutions. Addressing the root causes of organized crime through social policy reforms will also be vital in creating resilient communities capable of resisting criminal influences.

Défis Contemporains

L'évolution du crime organisé présente des défis continus pour les forces de l'ordre et les décideurs politiques :

- **Réseaux Transnationaux:** Le crime organisé moderne opère à travers les frontières, compliquant les efforts pour le combattre. La coopération internationale est essentielle pour relever efficacement ces défis.
- **Avancées Technologiques:** L'essor d'Internet a permis de nouvelles formes de crime organisé, notamment la cybercriminalité et les réseaux de trafic en ligne. Les agences de l'ordre public doivent adapter leurs stratégies pour faire face à ces menaces évolutives.
- **Réponses Politiques:** Des réponses efficaces nécessitent des stratégies globales qui s'attaquent à la fois aux symptômes et aux causes profondes du crime organisé. Cela inclut le renforcement des cadres juridiques, l'amélioration de la transparence des opérations gouvernementales et le renforcement de la résilience communautaire face aux influences criminelles.

Conclusion

L'histoire et les caractéristiques du crime organisé révèlent un défi persistant qui continue d'évoluer en parallèle des changements sociétaux. Comprendre l'interaction entre le crime organisé et la corruption est crucial pour développer des stratégies efficaces pour combattre ces problèmes. Alors que les réseaux criminels s'adaptent aux nouvelles technologies et aux dynamiques mondiales, une réponse internationale coordonnée sera essentielle pour préserver la sécurité publique et restaurer la confiance dans les institutions. S'attaquer aux causes profondes du crime organisé par des réformes de politique sociale sera également essentiel pour créer des communautés résilientes capables de résister aux influences criminelles.

13 Policing the City: Crime, Community and Inequality

The relationship between neighborhoods and the perpetuation of poverty, social marginalization, segregation, and crime is a complex interplay that shapes urban environments. This article examines how these factors contribute to crime rates and the challenges faced by communities, particularly in the context of policing and public safety.

The Connection Between Neighborhoods and Crime

Neighborhoods significantly influence crime rates through various socio-economic factors. Research indicates that areas characterized by high levels of poverty and social marginalization often experience elevated crime rates.

- **Economic Disadvantage**: Communities with concentrated poverty face numerous challenges, including limited access to quality education, healthcare, and employment opportunities. These conditions can lead to increased criminal activity as individuals may resort to illegal means for economic survival. Studies show that neighborhoods with high unemployment rates are closely linked to higher crime levels, as financial strain pushes some residents toward criminal behavior for sustenance.

- **Social Isolation:** The social dynamics within neighborhoods also play a crucial role in crime rates. Social isolation and lack of community cohesion can weaken informal social controls that typically deter criminal behavior. In areas where residents do not know their neighbors or feel disconnected from community institutions, the likelihood of crime increases due to a diminished sense of collective responsibility.

Segregation and Social Marginalization

Segregation—whether racial, economic, or both—contributes to the perpetuation of inequality and crime in urban settings.

13 La Police de la Ville : Crime, Communauté et Inégalité

La relation entre les quartiers et la perpétuation de la pauvreté, de la marginalisation sociale, de la ségrégation et du crime est une interaction complexe qui façonne les environnements urbains. Cet article examine comment ces facteurs contribuent aux taux de criminalité et aux défis auxquels sont confrontées les communautés, en particulier dans le contexte de la police et de la sécurité publique.

Le Lien entre les Quartiers et le Crime

Les quartiers influencent considérablement les taux de criminalité à travers divers facteurs socio-économiques. La recherche indique que les zones caractérisées par des niveaux élevés de pauvreté et de marginalisation sociale connaissent souvent des taux de criminalité élevés.

- **Désavantage Économique:** Les communautés avec une pauvreté concentrée font face à de nombreux défis, notamment un accès limité à une éducation, des soins de santé et des opportunités d'emploi de qualité. Ces conditions peuvent conduire à une augmentation de l'activité criminelle, car les individus peuvent recourir à des moyens illégaux pour leur survie économique. Des études montrent que les quartiers avec des taux de chômage élevés sont étroitement liés à des niveaux de criminalité plus élevés, car la pression financière pousse certains résidents vers le comportement criminel pour subsister.

- **Isolation Sociale:** La dynamique sociale au sein des quartiers joue également un rôle crucial dans les taux de criminalité. L'isolement social et le manque de cohésion communautaire peuvent affaiblir les contrôles sociaux informels qui dissuadent généralement le comportement criminel. Dans les zones où les résidents ne connaissent pas leurs voisins ou se sentent déconnectés des institutions communautaires, la probabilité de crime augmente en raison d'un sentiment de responsabilité collective diminué.

Ségrégation et Marginalisation Sociale

La ségrégation, qu'elle soit raciale, économique ou les deux, contribue à la perpétuation de l'inégalité et du crime dans les milieux urbains.

- **Racial Segregation**: Minority communities often find themselves in economically disadvantaged neighborhoods due to historical segregation policies. This spatial disadvantage results in limited access to resources and services, creating environments where crime can thrive. Research indicates that minority ethnic groups are disproportionately affected by social exclusion, leading to higher crime rates in their neighborhoods.

- **Marginalization:** Individuals who are marginalized—such as ex-convicts or those with low educational attainment—face significant barriers to reintegration into society. Stigmatization can lead to social isolation, limiting their access to employment opportunities and support networks. Consequently, marginalized individuals may turn to crime as a means of survival or acceptance within their communities.

Policing Strategies and Community Relations

The policing strategies employed in marginalized neighborhoods often exacerbate existing tensions between law enforcement and community members.

- **Over-policing:** In high-crime areas, law enforcement agencies may adopt aggressive policing tactics that disproportionately target minority populations. This can lead to a cycle of mistrust between communities and police, further alienating residents and hindering effective crime prevention efforts.

- **Community Policing**: Conversely, community policing initiatives aim to build trust and cooperation between law enforcement and residents. By involving community members in decision-making processes regarding public safety, these strategies can foster a sense of ownership over neighborhood safety and reduce crime rates.

Environmental Factors

The physical environment of neighborhoods also influences crime rates. Poorly maintained public spaces can contribute to feelings of neglect and insecurity among residents.

- **Ségrégation Raciale:** Les communautés minoritaires se retrouvent souvent dans des quartiers économiquement défavorisés en raison des politiques de ségrégation historique. Ce désavantage spatial entraîne un accès limité aux ressources et aux services, créant des environnements où la criminalité peut prospérer. La recherche indique que les groupes ethniques minoritaires sont disproportionnellement touchés par l'exclusion sociale, ce qui entraîne des taux de criminalité plus élevés dans leurs quartiers.
- **Marginalisation:** Les individus marginalisés, tels que les ex-détenus ou ceux ayant un faible niveau d'éducation, sont confrontés à des obstacles importants à la réinsertion sociale. La stigmatisation peut conduire à l'isolement social, limitant leur accès aux opportunités d'emploi et aux réseaux de soutien. Par conséquent, les personnes marginalisées peuvent se tourner vers le crime comme moyen de survie ou d'acceptation au sein de leurs communautés.

Stratégies Policières et Relations Communautaires

Les stratégies policières employées dans les quartiers marginalisés exacerbent souvent les tensions existantes entre les forces de l'ordre et les membres de la communauté.

- **Surveillance Excessive:** Dans les zones à forte criminalité, les agences d'application de la loi peuvent adopter des tactiques policières agressives qui ciblent de manière disproportionnée les populations minoritaires. Cela peut conduire à un cycle de méfiance entre les communautés et la police, aliénant davantage les résidents et entravant les efforts efficaces de prévention de la criminalité.

- **Police de Proximité:** Inversement, les initiatives de police de proximité visent à renforcer la confiance et la coopération entre les forces de l'ordre et les résidents. En impliquant les membres de la communauté dans les processus décisionnels concernant la sécurité publique, ces stratégies peuvent favoriser un sentiment d'appropriation de la sécurité du quartier et réduire les taux de criminalité.

Facteurs Environnementaux

L'environnement physique des quartiers influence également les taux de criminalité. Les espaces publics mal entretenus peuvent contribuer aux sentiments de négligence et d'insécurité parmi les résidents.

Urban Design: Research has shown that urban design elements—such as lighting, visibility, and maintenance—can impact crime rates. Well-lit streets and active public spaces encourage community engagement and deter criminal activity by increasing natural surveillance.

Environmental Degradation: Areas suffering from environmental pollution or neglect often see higher levels of crime. The deterioration of physical spaces can signal a lack of investment from local authorities, leading residents to feel less connected to their communities.

Conclusion

The connection between neighborhoods and the perpetuation of poverty, social marginalization, segregation, and crime is multifaceted. Addressing these issues requires comprehensive strategies that consider economic development, community engagement, effective policing practices, and environmental improvements. By fostering stronger community ties and addressing systemic inequalities, cities can work towards reducing crime rates while promoting social cohesion and resilience among residents. Ultimately, understanding the interplay between these factors is essential for developing effective policies aimed at enhancing public safety in urban environments.

Design Urbain: La recherche a montré que les éléments de design urbain, tels que l'éclairage, la visibilité et l'entretien, peuvent avoir un impact sur les taux de criminalité. Les rues bien éclairées et les espaces publics actifs encouragent l'engagement communautaire et dissuadent l'activité criminelle en augmentant la surveillance naturelle.

Dégradation Environnementale: Les zones souffrant de pollution environnementale ou de négligence voient souvent des niveaux de criminalité plus élevés. La détérioration des espaces physiques peut signaler un manque d'investissement de la part des autorités locales, conduisant les résidents à se sentir moins connectés à leurs communautés.

Conclusion

Le lien entre les quartiers et la perpétuation de la pauvreté, de la marginalisation sociale, de la ségrégation et du crime est multidimensionnel. Aborder ces problèmes nécessite des stratégies globales qui prennent en compte le développement économique, l'engagement communautaire, des pratiques policières efficaces et des améliorations environnementales. En favorisant des liens communautaires plus forts et en s'attaquant aux inégalités systémiques, les villes peuvent travailler à réduire les taux de criminalité tout en favorisant la cohésion sociale et la résilience parmi les résidents. En fin de compte, comprendre l'interaction entre ces facteurs est essentiel pour développer des politiques efficaces visant à améliorer la sécurité publique dans les environnements urbains.

14 Mental Health, Morality & Legal Controls

The intersection of mental disorders, particularly psychopathy and pedophilia, with criminology, legal philosophy, and popular culture raises significant ethical and conceptual questions. This exploration delves into how these disorders are diagnosed, labeled, and represented, highlighting the implications for justice systems and societal perceptions.

Diagnostic Challenges in Psychopathy and Pedophilia

Psychopathy and pedophilia are often classified as mental disorders within frameworks like the DSM-5 and ICD-11. However, their classification is contentious due to the nature of their defining characteristics.

Psychopathy is primarily characterized by a lack of empathy, manipulative behavior, and moral disengagement. Critics argue that psychopathy should not be viewed merely as a disease but rather as a value-laden concept that challenges traditional notions of moral responsibility. This perspective posits that psychopaths possess sufficient agency to be held accountable for their actions, contradicting the disease model that suggests they are exempt from moral culpability.

Pedophilia, classified as a paraphilic disorder, involves recurrent sexual fantasies or behaviors involving prepubescent children. The distinction between pedophilia (a sexual preference) and pedophilic disorder (which includes distress or impairment) complicates the understanding of these diagnoses. Critics argue that labeling such behaviors as mental disorders may contribute to the medicalization of morally reprehensible acts, raising ethical concerns about the implications of such classifications for treatment and legal accountability.

14 Santé Mentale, Moralité et Contrôles Juridiques

L'intersection entre les troubles mentaux, en particulier la psychopathie et la pédophilie, et la criminologie, la philosophie du droit et la culture populaire soulève d'importantes questions éthiques et conceptuelles. Cette exploration examine en profondeur la manière dont ces troubles sont diagnostiqués, étiquetés et représentés, en soulignant les implications pour les systèmes de justice et les perceptions sociétales.

Défis diagnostiques dans la psychopathie et la pédophilie

La psychopathie et la pédophilie sont souvent classées comme des troubles mentaux dans des cadres tels que le DSM-5 et l'ICD-11. Cependant, leur classification est controversée en raison de la nature de leurs caractéristiques définissantes.

La psychopathie est principalement caractérisée par un manque d'empathie, un comportement manipulateur et un désengagement moral. Les critiques soutiennent que la psychopathie ne devrait pas être considérée simplement comme une maladie, mais plutôt comme un concept chargé de valeurs qui remet en question les notions traditionnelles de responsabilité morale. Cette perspective soutient que les psychopathes possèdent suffisamment d'autonomie pour être tenus responsables de leurs actes, contredisant le modèle de la maladie qui suggère qu'ils sont exemptés de culpabilité morale.

La pédophilie, classée comme un trouble paraphilique, implique des fantasmes ou des comportements sexuels récurrents impliquant des enfants prépubères. La distinction entre la pédophilie (une préférence sexuelle) et le trouble pédophilique (qui inclut la détresse ou l'altération) complique la compréhension de ces diagnostics. Les critiques soutiennent que l'étiquetage de tels comportements comme des troubles mentaux peut contribuer à la médicalisation d'actes moralement répréhensibles, soulevant des préoccupations éthiques quant aux implications de telles classifications pour le traitement et la responsabilité juridique.

The debates surrounding these diagnoses often revolve around whether they should be considered clinical disorders or "moral disorders." The implication is that if behaviors deemed morally wrong are classified as mental illnesses, it could lead to a pathologization of evil behavior rather than holding individuals accountable for their actions.

Legal and Moral Philosophical Implications

The legal implications of labeling individuals with psychopathy or pedophilia are profound. The criminal justice system often grapples with how to deal with offenders who exhibit these traits.

Moral Responsibility: Philosophers like P.F. Strawson argue that understanding moral responsibility requires distinguishing between being responsible for one's actions and how society should respond to those actions. This distinction is vital in cases involving psychopaths, as their emotional deficits complicate traditional notions of guilt and punishment.

Recidivism Risks: Research indicates a strong correlation between psychopathy and recidivism rates among offenders, particularly sex offenders. This raises questions about how society should manage individuals diagnosed with these disorders—whether through punitive measures or rehabilitative approaches.

The portrayal of these disorders in popular culture further complicates public perception. Media representations can either stigmatize individuals with mental disorders or inadvertently normalize deviant behaviors, leading to societal misunderstandings about the nature of these conditions.

Representation in Popular Culture

Popular culture plays a significant role in shaping societal views on psychopathy and pedophilia. Films, television shows, and literature often depict these disorders in sensationalized ways that can distort public understanding.

Les débats entourant ces diagnostics tournent souvent autour de la question de savoir s'ils doivent être considérés comme des troubles cliniques ou des "troubles moraux". L'implication est que si des comportements jugés moralement répréhensibles sont classés comme des maladies mentales, cela pourrait conduire à une pathologisation du comportement malfaisant plutôt qu'à la responsabilisation des individus pour leurs actes.

Implications juridiques et philosophiques morales

Les implications juridiques de l'étiquetage des individus comme psychopathes ou pédophiles sont profondes. Le système de justice pénale se débat souvent avec la manière de traiter les délinquants qui présentent ces traits.

Responsabilité morale : Des philosophes comme P.F. Strawson soutiennent que la compréhension de la responsabilité morale nécessite de distinguer entre être responsable de ses actes et la manière dont la société devrait réagir à ces actes. Cette distinction est essentielle dans les cas impliquant des psychopathes, car leurs déficits émotionnels compliquent les notions traditionnelles de culpabilité et de punition.

Risques de récidive : La recherche indique une forte corrélation entre la psychopathie et les taux de récidive chez les délinquants, en particulier les délinquants sexuels. Cela soulève des questions sur la manière dont la société devrait gérer les individus diagnostiqués avec ces troubles - que ce soit par des mesures punitives ou des approches de réhabilitation.

La représentation de ces troubles dans la culture populaire complique encore davantage la perception du public. Les représentations médiatiques peuvent soit stigmatiser les personnes atteintes de troubles mentaux, soit normaliser involontairement des comportements déviants, conduisant à des incompréhensions sociétales sur la nature de ces affections.

Représentation dans la culture populaire

La culture populaire joue un rôle important dans la formation des opinions sociétales sur la psychopathie et la pédophilie. Les films, les émissions de télévision et la littérature représentent souvent ces troubles de manière sensationnaliste, ce qui peut fausser la compréhension du public.

Stereotypes: Characters portrayed as psychopaths are frequently depicted as violent criminals devoid of empathy, reinforcing negative stereotypes that contribute to stigma against those with mental health issues.

Normalization of Deviance: Some media representations may normalize or trivialize harmful behaviors associated with pedophilia by framing them within narratives that downplay the severity of the actions or present them as socially acceptable under certain circumstances.

This representation can lead to a desensitization towards actual cases of abuse and may influence public policy discussions surrounding mental health treatment and criminal justice reform.

Conclusion

The critical exploration of contemporary debates surrounding psychopathy and pedophilia reveals complex intersections between mental health diagnoses, moral philosophy, legal responsibility, and cultural representation. As society continues to grapple with these issues, it becomes essential to navigate the delicate balance between understanding mental disorders as clinical conditions while also recognizing the moral implications of harmful behaviors. Addressing these challenges requires ongoing dialogue among criminologists, philosophers, mental health professionals, and the public to foster a more nuanced understanding of these critical issues.

Stéréotypes : Les personnages dépeints comme psychopathes sont souvent représentés comme des criminels violents dépourvus d'empathie, renforçant ainsi les stéréotypes négatifs qui contribuent à la stigmatisation des personnes souffrant de problèmes de santé mentale.

Normalisation de la déviance : Certaines représentations médiatiques peuvent normaliser ou banaliser les comportements nuisibles associés à la pédophilie en les plaçant dans des récits qui minimisent la gravité des actes ou les présentent comme socialement acceptables dans certaines circonstances.

Cette représentation peut conduire à une désensibilisation face aux cas réels d'abus et peut influencer les discussions politiques publiques sur le traitement de la santé mentale et la réforme de la justice pénale.

Conclusion

L'exploration critique des débats contemporains entourant la psychopathie et la pédophilie révèle des intersections complexes entre les diagnostics de santé mentale, la philosophie morale, la responsabilité juridique et la représentation culturelle. Alors que la société continue de se débattre avec ces questions, il devient essentiel de naviguer entre la compréhension des troubles mentaux en tant que conditions cliniques et la reconnaissance des implications morales des comportements nuisibles. Aborder ces défis nécessite un dialogue continu entre les criminologues, les philosophes, les professionnels de la santé mentale et le public afin de favoriser une compréhension plus nuancée de ces questions cruciales.

15 Youth Culture, Racialization and Crime in the Global Context

Youth Culture and Its Connection to Criminality: An International Perspective

The relationship between youth culture and criminality is a complex issue that varies significantly across different international contexts. Various studies and academic articles have explored this connection, examining how cultural, social, and economic factors influence youth behavior and crime rates.

Youth Gangs in International Contexts

Youth gangs are a global phenomenon that can be found in various cultural and socioeconomic settings. While the specific dynamics and motivations of these gangs may differ across regions, they often share common characteristics.

Economic Disparity: Youth from marginalized communities, facing poverty and limited opportunities, may turn to gangs as a means of survival or social status.

Social Exclusion: Feelings of isolation, discrimination, or lack of belonging can lead young people to seek acceptance and support within gangs.

Peer Pressure and Influence: The desire to fit in with peers can be a powerful factor in joining a gang.

Violence and Conflict: Exposure to violence or conflict can create a culture of aggression and retaliation within communities.

Global Trends in Youth Gangs

Urbanization and Migration: The rapid growth of urban areas and increased migration can contribute to the formation of gangs as young people seek to adapt to new environments and establish social networks.

Globalization and Transnational Crime: The interconnectedness of the global economy has facilitated the expansion of gang activities, including drug trafficking, human trafficking, and other transnational crimes.

Youth Culture and Identity: Youth gangs may emerge as a way for young people to express their identities and challenge dominant cultural norms.

15 Culture Jeunesse, Racialisation et Criminalité dans le Contexte Mondial

Culture Jeunesse et Criminalité :
Une Perspective Internationale

La relation entre la culture jeunesse et la criminalité est une question complexe qui varie considérablement selon les contextes internationaux. Diverses études et articles académiques ont exploré ce lien, examinant comment les facteurs culturels, sociaux et économiques influencent le comportement des jeunes et les taux de criminalité.

Les Gangs de Jeunes dans le Contexte International

Les gangs de jeunes sont un phénomène mondial que l'on retrouve dans divers contextes culturels et socio-économiques. Bien que la dynamique et les motivations spécifiques de ces gangs puissent différer d'une région à l'autre, ils partagent souvent des caractéristiques communes.

Disparité économique : Les jeunes issus de communautés marginalisées, confrontés à la pauvreté et à des opportunités limitées, peuvent se tourner vers les gangs comme moyen de survie ou de statut social.

Exclusion sociale : Les sentiments d'isolement, de discrimination ou de manque d'appartenance peuvent amener les jeunes à chercher l'acceptation et le soutien au sein de gangs.

Pression des pairs et influence : Le désir de s'intégrer à ses pairs peut être un facteur puissant dans l'adhésion à un gang.

Violence et conflit : L'exposition à la violence ou aux conflits peut créer une culture d'agression et de représailles au sein des communautés.

Tendances mondiales des gangs de jeunes

Urbanisation et migration : La croissance rapide des zones urbaines et l'augmentation des migrations peuvent contribuer à la formation de gangs, les jeunes cherchant à s'adapter à de nouveaux environnements et à établir des réseaux sociaux.

Globalisation et criminalité transnationale : L'interconnexion de l'économie mondiale a facilité l'expansion des activités des gangs, notamment le trafic de drogue, la traite des êtres humains et d'autres crimes transnationaux.

Culture jeunesse et identité : Les gangs de jeunes peuvent émerger comme un moyen pour les jeunes d'exprimer leur identité et de défier les normes culturelles dominantes.

Cultural Influences on Youth Crime

Values and Beliefs

- **Individualism vs. Collectivism:** In individualistic cultures, young people may prioritize personal goals and achievements, which can sometimes lead to deviant behavior. In collectivist cultures, the emphasis on group harmony and conformity may discourage crime.
- **Honor and Reputation:** Cultures that place a high value on honor and reputation may lead to violent conflicts and retaliation, particularly among young people.
- **Religious Beliefs:** Religious teachings and values can influence attitudes towards crime and morality.

Social Structures

- **Family Dynamics:** The structure and functioning of families can play a crucial role in shaping young people's behavior. Strong family ties and positive role models can help prevent crime.
- **Community Engagement:** Communities with strong social networks and opportunities for participation can provide young people with positive role models and support.
- **Educational Systems:** The quality and accessibility of education can influence young people's chances of success and their involvement in criminal activities.

Media and Popular Culture

- **Role Models:** The portrayal of violence and crime in media can influence young people's attitudes and behaviors.
- **Consumer Culture:** The emphasis on material possessions and consumerism can create pressures on young people to engage in illegal activities to obtain wealth.

Influences Culturelles sur la Criminalité Juvénile

Valeurs et Croyances

- **Individualisme vs. Collectivisme :** Dans les cultures individualistes, les jeunes peuvent privilégier leurs objectifs et réalisations personnels, ce qui peut parfois conduire à des comportements déviants. Dans les cultures collectivistes, l'accent mis sur l'harmonie de groupe et la conformité peut décourager la criminalité.
- **Honneur et réputation :** Les cultures qui accordent une grande importance à l'honneur et à la réputation peuvent conduire à des conflits violents et à des représailles, en particulier chez les jeunes.
- **Croyances religieuses :** Les enseignements et les valeurs religieux peuvent influencer les attitudes envers la criminalité et la moralité.

Structures Sociales

- **Dynamique familiale :** La structure et le fonctionnement des familles peuvent jouer un rôle crucial dans la formation du comportement des jeunes. Des liens familiaux solides et des modèles positifs peuvent aider à prévenir la criminalité.
- **Engagement communautaire :** Les communautés avec des réseaux sociaux solides et des opportunités de participation peuvent offrir aux jeunes des modèles positifs et du soutien.
- **Systèmes éducatifs :** La qualité et l'accessibilité de l'éducation peuvent influencer les chances de réussite des jeunes et leur implication dans des activités criminelles.

Médias et Culture Populaire

- **Modèles :** La représentation de la violence et de la criminalité dans les médias peut influencer les attitudes et les comportements des jeunes.
- **Culture de consommation :** L'accent mis sur les biens matériels et la consommation peut créer des pressions sur les jeunes pour qu'ils s'engagent dans des activités illégales afin d'acquérir de la richesse.

Historical and Political Factors

- **Colonialism and Post-Colonialism:** The legacies of colonialism and post-colonialism can have lasting effects on social structures, economic inequalities, and cultural identities, which can contribute to crime.
- **Political Instability and Conflict:** Political unrest, civil wars, and social unrest can create conditions that increase the risk of crime among young people.

It's important to note that these cultural factors are often interconnected and can vary significantly across different societies. Understanding these influences can help develop more effective strategies for preventing and addressing youth crime.

Historical Contexts of Youth Crime

Historical analyses offer valuable insights into the relationship between youth culture and crime. For example, research suggests that societal anxieties about youth behavior often mirror historical trends rather than actual spikes in crime rates. Studies reveal that perceptions of youth as increasingly antisocial are not a recent phenomenon; similar concerns have been expressed throughout history. This historical perspective underscores the importance of a nuanced understanding of youth behavior, rather than a simplistic association between youth culture and criminality.

In summary, the connection between youth culture and criminality is influenced by a variety of factors including cultural norms, economic conditions, and historical contexts. Understanding these dynamics from an international perspective can help policymakers and researchers develop more effective strategies to address youth crime globally.

Facteurs Historiques et Politiques

- **Colonialisme et Post-colonialisme :** Les héritages du colonialisme et du post-colonialisme peuvent avoir des effets durables sur les structures sociales, les inégalités économiques et les identités culturelles, ce qui peut contribuer à la criminalité.
- **Instabilité politique et conflits :** Les troubles politiques, les guerres civiles et les troubles sociaux peuvent créer des conditions qui augmentent le risque de criminalité chez les jeunes.

Il est important de noter que ces facteurs culturels sont souvent interconnectés et peuvent varier considérablement d'une société à l'autre. Comprendre ces influences peut aider à développer des stratégies plus efficaces pour prévenir et lutter contre la criminalité juvénile.

Contexte Historique de la Criminalité Juvénile

Les analyses historiques offrent des informations précieuses sur la relation entre la culture jeunesse et la criminalité. Par exemple, la recherche suggère que les inquiétudes sociétales concernant le comportement des jeunes reflètent souvent des tendances historiques plutôt que de véritables augmentations des taux de criminalité. Des études révèlent que la perception des jeunes comme de plus en plus antisociaux n'est pas un phénomène récent ; des préoccupations similaires ont été exprimées tout au long de l'histoire. Cette perspective historique souligne l'importance d'une compréhension nuancée du comportement des jeunes, plutôt qu'une association simpliste entre la culture jeunesse et la criminalité.

En résumé, le lien entre la culture jeunesse et la criminalité est influencé par une variété de facteurs, notamment les normes culturelles, les conditions économiques et les contextes historiques. Comprendre ces dynamiques dans une perspective internationale peut aider les décideurs politiques et les chercheurs à développer des stratégies plus efficaces pour lutter contre la criminalité juvénile à l'échelle mondiale.

16 Punishment, Penality, and Prisons

The discourse surrounding punishment, penality, and prisons is deeply rooted in historical, theoretical, and political contexts. This examination can be structured around three core aims: understanding the foundations of these concepts, analyzing the experiences of various prisoner demographics, and engaging with contemporary debates regarding their implications in modern societies.

Historical, Theoretical, and Political Foundations

Punishment has evolved significantly from its early forms, which often involved corporal punishment and public humiliation. The transition to imprisonment as a primary form of punishment emerged in the late 18th century, largely influenced by Enlightenment thinkers like Jeremy Bentham, who advocated for prisons as sites of reform rather than mere confinement.

The rise of the modern prison system was propelled by a shift from punitive measures focused on the body to those aimed at rehabilitating the soul. This change reflected broader societal transformations and the state's increasing role in social control.
The concept of social control has been critical in understanding how societies manage deviance through penal systems.

Historically, prisons were established not only as punitive institutions but also as mechanisms for social order. They were influenced by various factors, including colonial expansion, which exported prison systems globally. Today, imprisonment remains the most severe legal penalty in many jurisdictions following the decline of capital punishment.

Experiences and Outcomes of Imprisonment

The experiences of different groups within the prison system reveal significant disparities influenced by age, gender, race, and socio-economic status.

16 La Peine, la Pénale et la Prison

Le discours entourant la peine, la pénalité et la prison est profondément enraciné dans des contextes historiques, théoriques et politiques. Cet examen peut être structuré autour de trois objectifs principaux : comprendre les fondements de ces concepts, analyser les expériences de diverses catégories de prisonniers et s'engager dans les débats contemporains concernant leurs implications dans les sociétés modernes.

Fondements Historiques, Théoriques et Politiques

La peine a considérablement évolué depuis ses premières formes, souvent associées à des châtiments corporels et à l'humiliation publique. La transition vers l'emprisonnement comme principale forme de punition est apparue à la fin du XVIIIe siècle, largement influencée par des penseurs des Lumières comme Jeremy Bentham, qui préconisait les prisons comme des lieux de réforme plutôt que de simple confinement.

L'essor du système pénitentiaire moderne a été propulsé par un passage de mesures punitives axées sur le corps à des mesures visant à réhabiliter l'âme. Ce changement reflétait des transformations sociétales plus larges et le rôle croissant de l'État dans le contrôle social. Le concept de contrôle social a été essentiel pour comprendre comment les sociétés gèrent la déviance à travers les systèmes pénaux.

Historiquement, les prisons ont été établies non seulement comme des institutions punitives, mais aussi comme des mécanismes de contrôle social. Elles ont été influencées par divers facteurs, y compris l'expansion coloniale, qui a exporté des systèmes pénitentiaires à l'échelle mondiale. Aujourd'hui, l'emprisonnement reste la peine légale la plus sévère dans de nombreuses juridictions après le déclin de la peine de mort.

Expériences et Résultats de l'Emprisonnement

Les expériences des différents groupes au sein du système pénitentiaire révèlent des disparités significatives influencées par l'âge, le sexe, la race et le statut socio-économique.

Children and Young People: Research indicates that individuals incarcerated as children face long-term negative health outcomes compared to those incarcerated later in life. This demographic is disproportionately represented by Black or Hispanic youth from lower socio-economic backgrounds.

Women: Female prisoners often experience "double disadvantage," facing systemic issues related to both gender and race. Many women report histories of abuse and mental health challenges exacerbated by incarceration. Reports highlight that Black and minoritised women are more likely to be marginalized within the criminal justice system, facing longer sentences and systemic discrimination.

Black and Minoritised People: Systemic racism is pervasive within penal systems. Studies show that racially minoritised individuals endure harsher treatment and longer sentences compared to their white counterparts. This discrimination extends beyond sentencing to impact their experiences within prison environments.

Older People: The aging prison population faces unique challenges related to health care access and appropriate accommodations for their needs. As prisons are often ill-equipped to handle geriatric care, older inmates may experience deteriorating health conditions while incarcerated.

Key Debates and Controversies

Contemporary discussions around punishment and penality focus on several critical issues:

- **Rehabilitation vs. Punishment**: There is ongoing debate about whether prisons should prioritize rehabilitation or serve primarily as punitive institutions. Critics argue that current penal practices often fail to facilitate genuine rehabilitation, leading to high recidivism rates.

- **Indeterminate Sentencing**: The use of indeterminate sentences raises questions about fairness and transparency within the justice system. Critics highlight that such sentences can lead to uncertainty for inmates regarding their release dates and conditions for parole.

Enfants et Jeunes : La recherche indique que les personnes incarcérées pendant leur enfance sont confrontées à des conséquences négatives à long terme sur leur santé par rapport à celles incarcérées plus tard dans la vie. Cette démographie est disproportionnellement représentée par les jeunes noirs ou hispaniques issus de milieux socio-économiques défavorisés.

Femmes : Les femmes détenues sont souvent confrontées à un "double désavantage", faisant face à des problèmes systémiques liés à la fois au genre et à la race. De nombreuses femmes rapportent des antécédents de violence et de problèmes de santé mentale exacerbés par l'incarcération. Des rapports soulignent que les femmes noires et minorisées sont plus susceptibles d'être marginalisées au sein du système de justice pénale, faisant face à des peines plus longues et à une discrimination systémique.

Noirs et Minorités : Le racisme systémique est omniprésent au sein des systèmes pénaux. Des études montrent que les personnes racialisées sont soumises à un traitement plus sévère et à des peines plus longues que leurs homologues blancs. Cette discrimination s'étend au-delà de la condamnation pour affecter leurs expériences au sein des environnements carcéraux.

Personnes âgées : La population carcérale vieillissante est confrontée à des défis uniques liés à l'accès aux soins de santé et aux aménagements appropriés à leurs besoins. Comme les prisons sont souvent mal équipées pour gérer les soins gériatriques, les détenus âgés peuvent voir leur état de santé se détériorer pendant leur incarcération.

Principaux Débats et Controverses

Les discussions contemporaines autour de la peine et de la pénalité se concentrent sur plusieurs questions critiques :

- **Réhabilitation vs. Punition :** Il y a un débat permanent sur la question de savoir si les prisons devraient prioriser la réhabilitation ou servir principalement d'institutions punitives. Les critiques affirment que les pratiques pénales actuelles ne facilitent souvent pas une véritable réhabilitation, ce qui entraîne des taux de récidive élevés.
- **Peines indéterminées :** L'utilisation de peines indéterminées soulève des questions de justice et de transparence au sein du système judiciaire. Les critiques soulignent que ces peines peuvent entraîner une incertitude pour les détenus quant à leurs dates de libération et aux conditions de libération conditionnelle.

- Impact of Penal Policies: Modern penal policies have been scrutinized for their role in perpetuating cycles of disadvantage among marginalized groups. The intersectionality of race, gender, and socio-economic status complicates the effectiveness of these policies in achieving justice or rehabilitation.

- Human Rights Issues: There are significant concerns about the treatment of prisoners regarding mental health services, living conditions, and access to education or vocational training. Advocacy groups emphasize the need for reforms that align penal practices with human rights standards.

In conclusion, understanding punishment, penality, and prisons requires a multifaceted approach that considers historical contexts, diverse prisoner experiences, and ongoing debates about justice and reform in contemporary society.

Impact des Politiques Pénales : Les politiques pénales modernes ont été scrutées pour leur rôle dans la perpétuation des cycles de désavantage parmi les groupes marginalisés. L'intersectionnalité de la race, du genre et du statut socio-économique complique l'efficacité de ces politiques en matière de justice ou de réhabilitation.

Questions des Droits de l'Homme : Il existe des préoccupations majeures concernant le traitement des prisonniers en ce qui concerne les services de santé mentale, les conditions de vie et l'accès à l'éducation ou à la formation professionnelle. Les groupes de défense des droits de l'homme soulignent la nécessité de réformes alignant les pratiques pénales sur les normes des droits de l'homme.

En conclusion, la compréhension de la peine, de la pénalité et des prisons nécessite une approche multidimensionnelle qui prend en compte les contextes historiques, les expériences diverses des prisonniers et les débats en cours sur la justice et la réforme dans la société contemporaine.

17 critical overview of penology

Penology, the study of punishment and its effects, is a multifaceted field that has evolved significantly over time. While it has made strides in understanding and addressing crime, it also faces several challenges and criticisms. This overview will delve into some of the key issues and debates within penology.

Historical Context and Evolution

- **Retribution and Deterrence:** Historically, punishment was primarily focused on retribution, an eye-for-an-eye approach. Later, deterrence became a prominent goal, aiming to prevent crime through the threat of punishment.
- **Rehabilitation:** The 20th century saw a shift towards rehabilitation, focusing on reforming offenders and reintegrating them into society.
- **Incapacitation:** More recently, incapacitation has gained prominence, emphasizing the removal of offenders from society to protect the public.

Key Debates and Criticisms

Effectiveness of Punishment:

- ○ **Deterrence:** Research on the effectiveness of deterrence is mixed. While punishment can deter some individuals, its overall impact is debated.
- ○ **Rehabilitation:** Rehabilitation programs have shown varying degrees of success. Factors like program quality, offender characteristics, and post-release support play significant roles.
- ○ **Incapacitation:** Incapacitation can reduce crime rates in the short term, but it does not address the root causes of crime and may lead to recidivism.

17 Aperçu Critique de la Pénale

La pénale, étude de la punition et de ses effets, est un domaine complexe qui a considérablement évolué au fil du temps. Bien qu'elle ait permis de mieux comprendre et de lutter contre la criminalité, elle fait face à de nombreux défis et critiques. Cet aperçu approfondira certaines des questions clés et des débats au cœur de la pénale.

Contexte historique et évolution

- **Rétribution et dissuasion:** Historiquement, la punition était principalement axée sur la rétribution, une approche du type « œil pour œil ». Par la suite, la dissuasion est devenue un objectif majeur, visant à prévenir la criminalité par la menace de punition.
- **Réhabilitation:** Au XXe siècle, on a assisté à un tournant vers la réhabilitation, qui met l'accent sur la réforme des délinquants et leur réinsertion dans la société.
- **Incapacitation:** Plus récemment, l'incapacitation a gagné en importance, soulignant le retrait des délinquants de la société pour protéger le public.

Débats et critiques clés

Efficacité de la punition:

- o Dissuasion: L'efficacité de la dissuasion est sujette à débat. Si la punition peut dissuader certains individus, son impact global est discuté.
- o Réhabilitation: Les programmes de réhabilitation ont montré des résultats variables. Des facteurs tels que la qualité du programme, les caractéristiques du délinquant et le soutien post-libération jouent un rôle important.
- o Incapacitation: L'incapacitation peut réduire les taux de criminalité à court terme, mais elle ne s'attaque pas aux causes profondes de la criminalité et peut conduire à la récidive.

Racial Disparities:

- o **Overrepresentation:** People of color, particularly Black and Hispanic individuals, are disproportionately represented in the criminal justice system. This is due to systemic factors like racial profiling, biased sentencing, and socioeconomic disparities.

- o **Impact on Communities:** Mass incarceration has had a devastating impact on communities of color, leading to economic hardship, social instability, and intergenerational trauma.

Cost-Effectiveness:

- o **High Costs:** Incarceration is expensive, and the costs continue to rise. Alternatives like community-based corrections and restorative justice are often more cost-effective and may have better outcomes.

- o **Return on Investment:** The effectiveness of punishment in terms of reducing crime and improving public safety should be weighed against the costs.

Human Rights Concerns:

- o **Cruel and Unusual Punishment:** The use of harsh and inhumane treatment in prisons raises serious ethical concerns.

- o **Prison Conditions:** Overcrowding, inadequate healthcare, and violence within prisons are common problems.

Alternatives to Incarceration:

- o **Restorative Justice:** This approach focuses on repairing the harm caused by crime and involves the offender, victim, and community.
- o **Community-Based Corrections:** Probation, parole, and halfway houses offer alternatives to incarceration.
- o **Diversion Programs:** These programs divert low-level offenders from the criminal justice system.

Disparités raciales :

- o **Surreprésentation:** Les personnes de couleur, en particulier les Noirs et les Hispaniques, sont surreprésentées dans le système de justice pénale. Cela est dû à des facteurs systémiques tels que le profilage racial, les sentences biaisées et les disparités socio-économiques.
- o **Impact sur les communautés:** L'incarcération de masse a eu un impact dévastateur sur les communautés de couleur, entraînant des difficultés économiques, une instabilité sociale et un traumatisme intergénérationnel.

Rentabilité :

- o **Coûts élevés:** L'incarcération est coûteuse, et les coûts ne cessent d'augmenter. Des alternatives telles que les corrections communautaires et la justice réparatrice sont souvent plus rentables et peuvent offrir de meilleurs résultats.

- o **Retour sur investissement:** L'efficacité de la punition en termes de réduction de la criminalité et d'amélioration de la sécurité publique doit être évaluée par rapport aux coûts.

Préoccupations en matière de droits de l'homme :

- o **Peines cruelles et inhabituelles:** L'utilisation de traitements cruels et inhumains dans les prisons soulève de graves préoccupations éthiques.

- o **Conditions carcérales:** La surpopulation, les soins de santé inadéquats et la violence dans les prisons sont des problèmes courants.

Alternatives à l'incarcération :

- o **Justice réparatrice:** Cette approche vise à réparer le préjudice causé par le crime et implique le délinquant, la victime et la communauté.
- o **Corrections communautaires:** La probation, la libération conditionnelle et les maisons de transition offrent des alternatives à l'incarcération.
- o **Programmes de diversion:** Ces programmes détournent les délinquants de bas niveau du système de justice pénale.

18 Introduction to Cybercrime

Cybercrime represents a complex and evolving challenge that significantly impacts individuals, organizations, and governments globally. This academic exploration delves into the nature, types, and implications of cybercrime, as well as the interdisciplinary approaches required to combat it.

Nature of Cybercrime

Cybercrime encompasses a wide range of illicit activities conducted via the internet or other computer networks. It can be categorized into four primary types:

- **Cyber-trespass**: Unauthorized access to computer systems.
- **Cyber-deception/theft**: Fraudulent activities such as identity theft and phishing.
- **Cyber-pornography and obscenity**: Distribution of illegal or harmful content.
- **Cyberviolence**: Acts that cause harm through digital means, including cyberbullying and harassment.

The rapid advancement of technology has not only facilitated these crimes but has also led to the emergence of new forms of criminal behavior that traditional criminological theories struggle to explain fully. Consequently, researchers have begun to adopt an interdisciplinary approach that combines insights from both social sciences and computational sciences.

Research Trends in Cybercrime

The academic landscape surrounding cybercrime has expanded significantly over the past few decades. Research trends indicate a growing interest in understanding both victimization and perpetration within cybercrime contexts. Notably, studies have shown that victims of cybercrime often display specific vulnerabilities, such as higher social media usage or engagement in risky online behaviors. Recent scholarly work emphasizes:

18 Introduction à la Cybercriminalité

La cybercriminalité représente un défi complexe et en constante évolution qui a un impact significatif sur les individus, les organisations et les gouvernements du monde entier. Cette exploration académique plonge dans la nature, les types et les implications de la cybercriminalité, ainsi que dans les approches interdisciplinaires nécessaires pour la combattre.

Nature de la Cybercriminalité

La cybercriminalité englobe un large éventail d'activités illicites menées via Internet ou d'autres réseaux informatiques. Elle peut être classée en quatre types principaux :

- **Cyber-intrusion:** Accès non autorisé à des systèmes informatiques.
- **Cyber-déception/vol:** Activités frauduleuses telles que le vol d'identité et le phishing.
- **Cyberpornographie et obscénité:** Distribution de contenu illégal ou nuisible.
- **Cyberviolence:** Actes qui causent du tort par des moyens numériques, notamment la cyberintimidation et le harcèlement.

Les progrès rapides de la technologie ont non seulement facilité ces crimes, mais ont également conduit à l'émergence de nouvelles formes de comportement criminel que les théories criminologiques traditionnelles ont du mal à expliquer pleinement. Par conséquent, les chercheurs ont commencé à adopter une approche interdisciplinaire qui combine les connaissances des sciences sociales et des sciences informatiques.

Tendances de Recherche en Cybercriminalité

Le paysage académique entourant la cybercriminalité s'est considérablement élargi au cours des dernières décennies. Les tendances de recherche indiquent un intérêt croissant pour la compréhension de la victimisation et de la perpétration dans les contextes de cybercriminalité. Notamment, des études ont montré que les victimes de cybercriminalité présentent souvent des vulnérabilités spécifiques, telles qu'une utilisation accrue des médias sociaux ou un engagement dans des comportements en ligne risqués. Les travaux universitaires récents mettent l'accent sur :

Victimization: The dynamics of who becomes a victim and the emotional and financial repercussions involved.

- **Perpetration**: Understanding the motivations behind cybercriminal behavior, often through the lens of traditional criminological theories like routine activity theory and techniques of neutralization.

This body of research not only enhances theoretical understanding but also informs practical applications in crime prevention strategies.

Challenges in Cybercrime Research

Despite the advancements in understanding cybercrime, significant challenges persist:

- **Lack of Official Statistics**: Many forms of cybercrime are underreported, leading to gaps in data that hinder comprehensive analysis.
- **Interdisciplinary Collaboration:** Effective research requires collaboration between criminologists and computer scientists to develop holistic frameworks for understanding cybercrime dynamics.
- **Evolving Nature of Cybercrime:** The fast-paced evolution of technology means that new forms of cybercrime continually emerge, necessitating ongoing research and adaptation of existing theories.

Models for Cybercrime Investigation

To address these challenges, various models have been proposed to standardize cybercrime investigations. One such model emphasizes the entire investigative process rather than merely focusing on digital evidence processing. This comprehensive approach includes identifying information flows during investigations, which is crucial for developing effective tools and techniques for law enforcement.

The proposed model serves multiple purposes:

- Provides a common reference framework for investigators.
- Supports the development of training and certification standards.
- Facilitates sharing lessons learned among practitioners.

By adopting such models, investigators can enhance their effectiveness in tackling cybercrime.

· **Victimisation:** La dynamique de qui devient victime et les répercussions émotionnelles et financières impliquées. ·

. **Perpétration:** Comprendre les motivations derrière le comportement cybercriminel, souvent à travers le prisme des théories criminologiques traditionnelles comme la théorie de l'activité routinière et les techniques de neutralisation.

Ce corpus de recherche non seulement améliore la compréhension théorique, mais informe également les applications pratiques dans les stratégies de prévention du crime.

Défis dans la Recherche sur la Cybercriminalité

Malgré les progrès dans la compréhension de la cybercriminalité, des défis importants persistent :

- **Manque de statistiques officielles:** De nombreuses formes de cybercriminalité sont sous-déclarées, ce qui entraîne des lacunes dans les données et entrave une analyse complète.

- **Collaboration interdisciplinaire:** Une recherche efficace nécessite une collaboration entre criminologues et informaticiens pour développer des cadres holistiques de compréhension de la dynamique de la cybercriminalité.

- **Nature évolutive de la cybercriminalité:** L'évolution rapide de la technologie signifie que de nouvelles formes de cybercriminalité émergent continuellement, nécessitant une recherche continue et une adaptation des théories existantes.

Modèles d'Enquête sur la Cybercriminalité

Pour relever ces défis, divers modèles ont été proposés pour standardiser les enquêtes sur la cybercriminalité. Un tel modèle met l'accent sur l'ensemble du processus d'enquête plutôt que de se concentrer uniquement sur le traitement des preuves numériques. Cette approche globale comprend l'identification des flux d'information au cours des enquêtes, ce qui est crucial pour développer des outils et des techniques efficaces pour les forces de l'ordre. Le modèle proposé sert à plusieurs fins :

- Fournit un cadre de référence commun aux enquêteurs.

- Soutient le développement de normes de formation et de certification.

- Facilite le partage des leçons apprises entre les praticiens.

En adoptant de tels modèles, les enquêteurs peuvent améliorer leur efficacité dans la lutte contre la cybercriminalité.

19 Disability Within a Social, Legal, and Political Context

Disability as a Basis for Exclusion

Disability, often defined as a physical or mental impairment that limits a person's activities or participation in society, has historically been a primary basis for social, political, and economic exclusion. This exclusion is rooted in societal attitudes and practices that often stigmatize and marginalize individuals with disabilities.

- **Social Exclusion:** People with disabilities may face barriers in education, employment, housing, and healthcare, limiting their opportunities for social participation and personal fulfillment.
- **Political Exclusion:** Disability can hinder individuals' ability to vote, hold public office, or participate in civic engagement.
- **Economic Exclusion:** People with disabilities may have difficulty finding employment, earning adequate wages, and accessing financial services, leading to economic hardship.

Undermining Systems of Discrimination

To challenge these systems of discrimination, actors from various fields have employed both institutional and extra-institutional strategies.

Institutional Strategies:

- **Antidiscrimination Policy:** Laws and regulations have been enacted to prohibit discrimination on the basis of disability in areas such as employment, education, and public accommodations.
- **Judicial Transformations:** Courts have played a crucial role in interpreting and enforcing antidiscrimination laws, expanding the scope of disability rights and challenging discriminatory practices.

19 Le Handicap dans un Contexte Social, Juridique et Politique

Le Handicap comme Base d'Exclusion

Le handicap, souvent défini comme une déficience physique ou mentale qui limite les activités ou la participation d'une personne dans la société, a historiquement été une base majeure d'exclusion sociale, politique et économique. Cette exclusion est enracinée dans des attitudes et des pratiques sociétales qui stigmatisent et marginalisent souvent les personnes handicapées.

- **Exclusion sociale:** Les personnes handicapées peuvent rencontrer des obstacles dans l'éducation, l'emploi, le logement et les soins de santé, limitant ainsi leurs possibilités de participation sociale et d'épanouissement personnel.
- **Exclusion politique:** Le handicap peut entraver la capacité des individus à voter, à occuper des fonctions publiques ou à participer à la vie civique.
- **Exclusion économique:** Les personnes handicapées peuvent avoir du mal à trouver un emploi, à gagner des salaires adéquats et à accéder aux services financiers, ce qui entraîne des difficultés économiques.

Sousminer les Systèmes de Discrimination

Pour contester ces systèmes de discrimination, des acteurs de divers domaines ont utilisé des stratégies à la fois institutionnelles et extra-institutionnelles.

Stratégies institutionnelles:

- o **Politiques antidiscrimination:** Des lois et des règlements ont été adoptés pour interdire la discrimination fondée sur le handicap dans des domaines tels que l'emploi, l'éducation et les lieux publics.
- o **Transformations judiciaires:** Les tribunaux ont joué un rôle crucial dans l'interprétation et l'application des lois antidiscrimination, élargissant la portée des droits des personnes handicapées et contestant les pratiques discriminatoires.

- o **Social Model of Disability:** This model emphasizes that disability is primarily a social construct, resulting from societal barriers rather than individual impairments. It has influenced policy and advocacy efforts to promote inclusion and equality.

Extra-Institutional Strategies:

- o **Disability Rights Movement:** Grassroots organizations and activists have fought for the rights of people with disabilities through protests, demonstrations, and lobbying.
- o **Social Justice Movements:** Disability rights have been intertwined with broader social justice movements, advocating for equity and inclusion for all marginalized groups.

Related Themes

- **Disability and the Criminal Justice System:** People with disabilities are disproportionately represented in the criminal justice system, facing unique challenges and biases.
- **Evolution of the Disability Rights Movement:** The disability rights movement has evolved over time, adapting to changing social and political contexts and achieving significant victories.
- **Future of Disability Politics and the Law:** The future of disability rights depends on ongoing advocacy, policy development, and judicial activism to address emerging challenges and ensure continued progress.

Conclusion

Disability is a complex issue with profound social, legal, and political implications. By understanding the historical and contemporary contexts of disability discrimination and the strategies employed to combat it, we can work towards a more inclusive and equitable society for all.

- o **Modèle social du handicap:** Ce modèle souligne que le handicap est principalement un construit social, résultant de barrières sociétales plutôt que de déficiences individuelles. Il a influencé les efforts politiques et de plaidoyer pour promouvoir l'inclusion et l'égalité.

Stratégies extra-institutionnelles:

- **Mouvement des droits des personnes handicapées:** Des organisations de base et des militants ont lutté pour les droits des personnes handicapées à travers des protestations, des manifestations et des activités de lobbying.
- **Mouvements de justice sociale:** Les droits des personnes handicapées ont été étroitement liés aux mouvements de justice sociale plus larges, plaidant pour l'équité et l'inclusion de tous les groupes marginalisés.

Thèmes connexes:

- **Handicap et système de justice pénale:** Les personnes handicapées sont disproportionnellement représentées dans le système de justice pénale, confrontées à des défis et des biais uniques.
- **Évolution du mouvement des droits des personnes handicapées:** Le mouvement des droits des personnes handicapées a évolué au fil du temps, s'adaptant aux contextes sociaux et politiques changeants et remportant des victoires significatives.
- **Avenir de la politique du handicap et du droit:** L'avenir des droits des personnes handicapées dépend d'un plaidoyer continu, de l'élaboration de politiques et de l'activisme judiciaire pour relever les défis émergents et assurer des progrès continus.

Conclusion

Le handicap est une question complexe aux implications sociales, juridiques et politiques profondes. En comprenant les contextes historiques et contemporains de la discrimination fondée sur le handicap et les stratégies employées pour la combattre, nous pouvons œuvrer à une société plus inclusive et équitable pour tous.

20 Victimology: An Overview

Victimology is a specialized field within criminology that focuses on the study of victims of crime, their relationships with offenders, and the broader societal implications of victimization. This discipline emerged in the mid-20th century and has evolved to encompass various aspects of victim experiences, including psychological, social, and legal dimensions.

Historical Context

The term "victimology" was first coined by Benjamin Mendelsohn in 1947. Early victimologists, including Hans von Hentig and Henri Ellenberger, explored the dynamics between victims and offenders, suggesting that victims could sometimes share responsibility for their victimization. This perspective led to concepts such as **victim precipitation**, where a victim's actions may inadvertently contribute to their victimization. For instance, carelessness or provocative behavior can make individuals more susceptible to crime.

By the 1970s, the focus shifted from victim blame to understanding the needs of victims and improving their treatment within the criminal justice system. This change was propelled by the victims' rights movement, which sought to address historical neglect of victims' interests.

Key Concepts in Victimology

1. **Victimization**: Refers to the process through which individuals experience harm due to criminal acts or other traumatic events.

2. **Victim Precipitation**: A controversial concept suggesting that a victim may play a role in their own victimization through specific behaviors or circumstances.

3. **Vulnerability**: This term describes conditions—physical, psychological, or social—that may increase an individual's risk of becoming a victim.

4. **Victimogenesis**: The study of factors that lead to an individual becoming a victim, encompassing both personal and situational variables.

20 Victimologie : Un Aperçu

La victimologie est un domaine spécialisé de la criminologie qui se concentre sur l'étude des victimes de crime, leurs relations avec les délinquants et les implications sociétales plus larges de la victimisation. Cette discipline a émergé au milieu du 20ème siècle et a évolué pour englober divers aspects des expériences des victimes, y compris les dimensions psychologiques, sociales et juridiques.

Contexte historique

Le terme "victimologie" a été inventé pour la première fois par Benjamin Mendelsohn en 1947. Les premiers victimologues, notamment Hans von Hentig et Henri Ellenberger, ont exploré la dynamique entre les victimes et les délinquants, suggérant que les victimes pouvaient parfois partager la responsabilité de leur victimisation. Cette perspective a conduit à des concepts tels que la "précipitation de la victime", où les actions d'une victime peuvent contribuer involontairement à sa victimisation. Par exemple, la négligence ou un comportement provocateur peuvent rendre les individus plus vulnérables au crime.

Dans les années 1970, l'accent s'est déplacé du blâme de la victime vers la compréhension des besoins des victimes et l'amélioration de leur traitement au sein du système de justice pénale. Ce changement a été propulsé par le mouvement des droits des victimes, qui visait à remédier à la négligence historique des intérêts des victimes.

Concepts clés en victimologie

1. **Victimisation:** Fait de subir un préjudice du fait d'actes criminels ou d'autres événements traumatiques.
2. **Précipitation de la victime:** Concept controversé suggérant qu'une victime peut jouer un rôle dans sa propre victimisation par des comportements ou des circonstances spécifiques.
3. **Vulnérabilité:** Terme décrivant les conditions - physiques, psychologiques ou sociales - qui peuvent augmenter le risque qu'une personne devienne victime.
4. **Victimogénèse:** Étude des facteurs qui conduisent un individu à devenir victime, englobant à la fois les variables personnelles et situationnelles.

Types of Victims

Victimology categorizes victims into various groups based on their experiences and characteristics:

- **Primary Victims**: Those who directly experience harm from a crime.
- **Secondary Victims**: Individuals who are indirectly affected by a crime, such as family members or witnesses.
- **Special Populations**: Vulnerable groups such as children, the elderly, individuals with disabilities, and marginalized communities often face higher risks of victimization.

Research Methods

Victimologists employ various research methodologies to gather data about victimization rates and characteristics. Notable tools include:

Victimization Surveys: Such as the National Crime Victimization Survey (NCVS), which collects data on crime incidents from victims directly, revealing insights into unreported crimes and demographic trends.

Empirical Studies: These studies analyze specific cases or types of crimes to understand patterns and causes of victimization.

Psychological Impact on Victims

Victims often experience a range of emotional and psychological effects following a crime. Common issues include:

Post-Traumatic Stress Disorder (PTSD): Many victims exhibit symptoms consistent with PTSD, including flashbacks and heightened anxiety.

Adjustment Disorders: Victims may struggle to cope with changes in their lives post-victimization.

Long-term Effects: The impact can extend beyond immediate psychological distress; many victims face challenges in rebuilding their lives and trust in others.

Types de Victimes

La victimologie catégorise les victimes en différents groupes en fonction de leurs expériences et de leurs caractéristiques :

- **Victimes primaires:** Ceux qui subissent directement le préjudice d'un crime.
- **Victimes secondaires:** Les individus qui sont indirectement affectés par un crime, tels que les membres de la famille ou les témoins.
- **Populations spéciales:** Les groupes vulnérables tels que les enfants, les personnes âgées, les personnes handicapées et les communautés marginalisées sont souvent exposés à des risques plus élevés de victimisation.

Méthodes de Recherche

Les victimologues utilisent diverses méthodes de recherche pour recueillir des données sur les taux et les caractéristiques de la victimisation. Les outils notables comprennent :

- **Enquêtes de victimisation:** Telles que l'Enquête nationale sur la victimisation criminelle (NCVS), qui recueille des données sur les incidents criminels auprès des victimes directement, révélant des informations sur les crimes non déclarés et les tendances démographiques.
- **Études empiriques:** Ces études analysent des cas ou des types de crimes spécifiques pour comprendre les modèles et les causes de la victimisation.

Impact psychologique sur les victimes

Les victimes éprouvent souvent une gamme d'effets émotionnels et psychologiques après un crime. Les problèmes courants comprennent :

- **Trouble de stress post-traumatique (TSPT):** De nombreuses victimes présentent des symptômes compatibles avec le TSPT, notamment des flashbacks et une anxiété accrue.
- **Troubles d'adaptation:** Les victimes peuvent avoir du mal à faire face aux changements dans leur vie après la victimisation.
- **Effets à long terme:** L'impact peut s'étendre au-delà de la détresse psychologique immédiate; de nombreuses victimes rencontrent des difficultés à reconstruire leur vie et à faire confiance aux autres.

Legal and Social Implications

Victimology intersects with legal studies as it examines how the criminal justice system addresses victims' needs. This includes:

Victim Rights Legislation: Laws aimed at protecting victims' rights during legal proceedings have gained traction over recent decades.

Support Services: Programs designed to assist victims financially and emotionally have become integral parts of many criminal justice systems.

Future Directions

The field of victimology continues to evolve, focusing on:

Interdisciplinary Approaches: Integrating insights from psychology, sociology, law, and public health to better understand victim experiences.

Emerging Forms of Victimization: Addressing new challenges such as cybercrime and human trafficking requires ongoing research and adaptation within the field.

Main Theories in Victimology

1. Victim Precipitation Theory

This theory posits that victims may play an active role in their victimization, potentially initiating the events leading to their harm. It suggests that certain characteristics or behaviors of victims can provoke offenders. For example, a victim's impulsive behavior or provocative actions may escalate a situation, making them more susceptible to crime, particularly in cases of interpersonal violence such as assault or domestic abuse.

2. Lifestyle Theory

The Lifestyle Theory argues that a person's lifestyle choices significantly influence their risk of becoming a victim. Individuals who engage in risky behaviors—such as frequenting unsafe areas, excessive drinking, or associating with known criminals—may increase their exposure to potential offenders. This theory highlights the connection between daily activities and the likelihood of victimization.

Implications juridiques et sociales

La victimologie croise les études juridiques en examinant comment le système de justice pénale répond aux besoins des victimes. Cela inclut :

- **Législation sur les droits des victimes:** Les lois visant à protéger les droits des victimes au cours des procédures judiciaires ont gagné en importance au cours des dernières décennies.
- **Services de soutien:** Les programmes conçus pour aider les victimes financièrement et émotionnellement sont devenus partie intégrante de nombreux systèmes de justice pénale.

Orientations futures

Le domaine de la victimologie continue d'évoluer, en se concentrant sur :

- **Approches interdisciplinaires:** Intégration des connaissances de la psychologie, de la sociologie, du droit et de la santé publique pour mieux comprendre les expériences des victimes.
- **Formes émergentes de victimisation:** Aborder de nouveaux défis tels que la cybercriminalité et la traite des êtres humains nécessite une recherche continue et une adaptation dans le domaine.

Principales théories en victimologie

1. Théorie de la précipitation de la victime

Cette théorie postule que les victimes peuvent jouer un rôle actif dans leur victimisation, potentiellement en initiant les événements menant à leur préjudice. Elle suggère que certaines caractéristiques ou comportements des victimes peuvent provoquer les délinquants. Par exemple, le comportement impulsif ou les actions provocatrices d'une victime peuvent aggraver une situation, les rendant plus vulnérables au crime, notamment dans les cas de violence interpersonnelle comme les agressions ou la violence domestique.

2. Théorie du mode de vie

La théorie du mode de vie soutient que les choix de vie d'une personne influencent considérablement son risque de devenir victime. Les individus qui s'engagent dans des comportements à risque - tels que fréquenter des zones dangereuses, boire excessivement ou s'associer à des criminels connus - peuvent augmenter leur exposition à des délinquants potentiels. Cette théorie souligne le lien entre les activités quotidiennes et la probabilité de victimisation.

3. Deviant Place Theory

This theory emphasizes the importance of location in victimization. It suggests that individuals who frequent high-crime areas are at greater risk of becoming victims. The theory posits that being in a dangerous environment increases the likelihood of encountering criminal activity, regardless of the individual's behavior or lifestyle choices.

4. Routine Activities Theory

Developed by Cohen and Felson, this theory asserts that crime occurs when three elements converge: motivated offenders, suitable targets, and the absence of capable guardians. It focuses on how everyday activities and social interactions can create opportunities for crime. For instance, an unguarded home with valuable items becomes an attractive target for theft when there is no one present to deter the offender.

5. Rational Choice Theory

While primarily focused on offenders, Rational Choice Theory also applies to victims by suggesting that individuals make decisions based on perceived risks and rewards. Victims may not take adequate precautions if they underestimate their risk of victimization, leading them to become targets.

6. Repeat Victimization Theory

This theory posits that individuals or locations that have been victimized once are more likely to experience future victimization. Factors contributing to repeat victimization can include social disorganization and lack of protective measures in certain neighborhoods.

7. Vulnerable Populations Theory

This framework examines how specific populations—such as those living in poverty, homeless individuals, or people with mental health issues—are disproportionately affected by crime due to systemic factors that limit their ability to protect themselves.

3. Théorie des lieux déviants

Cette théorie souligne l'importance de l'emplacement dans la victimisation. Elle suggère que les individus qui fréquentent des zones à forte criminalité sont plus à risque de devenir victimes. La théorie postule qu'être dans un environnement dangereux augmente la probabilité de rencontrer une activité criminelle, indépendamment du comportement ou des choix de vie de l'individu.

4. Théorie des activités routinières

Développée par Cohen et Felson, cette théorie affirme que le crime se produit lorsque trois éléments convergent : des délinquants motivés, des cibles appropriées et l'absence de gardiens capables. Elle se concentre sur la façon dont les activités quotidiennes et les interactions sociales peuvent créer des opportunités de crime. Par exemple, une maison non surveillée avec des objets de valeur devient une cible attrayante pour le vol lorsqu'il n'y a personne pour dissuader le délinquant.

5. Théorie du choix rationnel

Bien que principalement axée sur les délinquants, la théorie du choix rationnel s'applique également aux victimes en suggérant que les individus prennent des décisions en fonction des risques et des récompenses perçus. Les victimes peuvent ne pas prendre de précautions adéquates si elles sous-estiment leur risque de victimisation, ce qui les conduit à devenir des cibles.

6. Théorie de la revictimisation

Cette théorie postule que les individus ou les lieux qui ont été victimes une fois sont plus susceptibles de subir une nouvelle victimisation. Les facteurs contribuant à la revictimisation peuvent inclure la désorganisation sociale et le manque de mesures de protection dans certains quartiers.

7. Théorie des populations vulnérables

Ce cadre examine comment des populations spécifiques - telles que les personnes vivant dans la pauvreté, les personnes sans-abri ou les personnes ayant des problèmes de santé mentale - sont disproportionnellement touchées par la criminalité en raison de facteurs systémiques qui limitent leur capacité à se protéger.

Language Activities

English to French:

- Crime: Crime is an act forbidden by law.

- Harm: It usually involves harm to individuals or society.

- Variation: Crime varies across cultures.

- Law Formation: Laws are created through a process.

- Proposal: It starts with a proposal.

- Debate: Proposed laws are debated.

- Approval: Laws must be approved.

- Implementation: Approved laws are implemented.

- Criminology is the scientific study of crime.

- It draws from various disciplines including sociology, psychology, law, and anthropology.

- Theories of Crime Causation attempt to explain why individuals commit crimes.

- Biological theories suggest genetic and physiological factors

influence behavior.

- Psychological theories focus on mental processes and personality traits.

- Sociological theories emphasize the role of social structures and relationships.

- Strain Theory proposes societal pressure leads to crime.

- Social Learning Theory suggests individuals learn criminal behavior from others.

- Economic theories explore how poverty and inequality drive criminal activities.

- Criminologists employ various methodologies to study crime.

French to English

- **Le crime:** Un acte interdit par la loi.

- **Le préjudice:** Il implique généralement un préjudice envers les individus ou la société.

- **La variation:** Le crime varie d'une culture à l'autre.

- **La formation de la loi:** Les lois sont créées à travers un processus.

- **La proposition:** Cela commence par une proposition.

- **Le débat:** Les lois proposées sont débattues.

- **L'approbation:** Les lois doivent être approuvées.

- **La mise en œuvre:** Les lois approuvées sont mises en œuvre.

- **La criminologie** est l'étude scientifique du crime.

- **Elle s'inspire** de diverses disciplines, notamment la sociologie, la psychologie, le droit et l'anthropologie.

- **Les théories de la causalité du crime** tentent d'expliquer pourquoi les individus commettent des crimes.

- **Les théories biologiques** suggèrent que des facteurs génétiques et physiologiques influencent le comportement.

- **Les théories psychologiques** se concentrent sur les processus mentaux et les traits de personnalité.

- **Les théories sociologiques** mettent l'accent sur le rôle des structures et des relations sociales.

- **La théorie de la tension** propose que la pression sociale mène au crime.

- **La théorie de l'apprentissage social** suggère que les individus apprennent le comportement criminel des autres.

- **Les théories économiques** explorent comment la pauvreté et l'inégalité alimentent les activités criminelles.

- **Les criminologues** utilisent diverses méthodologies pour étudier le crime.

English to French

- Social inequality refers to the disparities in wealth, power, and status among individuals and groups within society.

- Economic Disparities: Individuals from lower socioeconomic backgrounds often face systemic barriers.

- Educational Inequalities: Education plays a crucial role in shaping life outcomes.

- Race and Ethnicity: Racial and ethnic minorities often experience disproportionate treatment within the criminal justice system.

- Disparities in Policing: Minority communities are frequently subjected to aggressive policing tactics.

- Sentencing Inequities: Studies show that individuals from minority backgrounds often receive harsher sentences.

- Media Representation: Media portrayals often reinforce stereotypes about race and crime.

- Gender Dynamics: Gender also plays a critical role in shaping experiences within the criminal justice system.

- Treatment of Women: Women may receive more lenient sentences than men for similar crimes.

- Juvenile Justice: Gender disparities are evident in juvenile justice systems.

French to English

- **L'inégalité sociale** fait référence aux disparités de richesse, de pouvoir et de statut entre les individus et les groupes au sein de la société.
- **Disparités économiques:** Les personnes issues de milieux socio-économiques défavorisés sont souvent confrontées à des obstacles systémiques.
- **Inégalités éducatives:** L'éducation joue un rôle crucial dans la formation des résultats de vie.
- **Race et ethnicité:** Les minorités raciales et ethniques sont souvent victimes d'un traitement disproportionné au sein du système de justice pénale.
- **Disparités dans les pratiques policières:** Les communautés minoritaires sont fréquemment soumises à des tactiques policières agressives.
- **Inégalités dans la détermination des peines:** Des études montrent que les personnes issues de milieux minoritaires reçoivent souvent des peines plus sévères.
- **Représentation médiatique:** Les représentations médiatiques renforcent souvent les stéréotypes sur la race et le crime.
- **Dynamique de genre:** Le genre joue également un rôle essentiel dans la formation des expériences au sein du système de justice pénale.
- **Traitement des femmes:** Les femmes peuvent recevoir des peines plus clémentes que les hommes pour des crimes similaires.
- **Justice juvénile:** Les disparités de genre sont évidentes dans les systèmes de justice juvénile.

English to French

- The study of crime and criminal justice systems reveals significant insights.

- It examines the evolution of criminal justice systems in Western Europe.

- English Adversarial System is characterized by a legal framework where two opposing parties present their cases.

- Defendants are presumed innocent until proven guilty.

- Continental European Inquisitorial System involves a more active role for judges in investigating cases.

- Judges lead investigations, gather evidence, and question witnesses.

- Policing practices vary significantly between these two systems.

- Law enforcement agencies often operate independently from judicial authorities.

- The focus is on gathering evidence to support prosecution.

- Punishment methods also reflect differing philosophies.

- The adversarial system involves two opposing parties presenting their cases before an impartial judge or jury.

- Judges in the inquisitorial system play a more active role in leading investigations.

- In adversarial systems, defendants have the right to challenge evidence presented by the prosecution.

French to English

- L'étude du crime et des systèmes de justice pénale révèle des informations significatives.

- Elle examine l'évolution des systèmes de justice pénale en Europe occidentale.

- Le système judiciaire accusatoire anglais est caractérisé par un cadre juridique où deux parties adverses présentent leurs arguments.

- Les accusés sont présumés innocents jusqu'à preuve du contraire.

- Le système inquisitorial continental européen implique un rôle plus actif des juges dans l'enquête sur les affaires.

- Les juges dirigent les enquêtes, recueillent des preuves et interrogent les témoins.

- Les pratiques policières varient considérablement entre ces deux systèmes.

- Les forces de l'ordre opèrent souvent indépendamment des autorités judiciaires.

- L'accent est mis sur la collecte de preuves pour soutenir l'accusation.

- Les méthodes de punition reflètent également des philosophies différentes.

- Le système accusatoire implique deux parties adverses présentant leurs arguments devant un juge ou un jury impartial.

- Les juges dans le système inquisitorial jouent un rôle plus actif dans la direction des enquêtes.

- Dans les systèmes accusatoires, les accusés ont le droit de contester les preuves présentées par l'accusation.

English to French

- Criminal intent, or mens rea, is a fundamental concept in criminal law.
- It refers to the mental state of a defendant at the time of committing an offense.
- Understanding criminal intent involves legal definitions and psychological assessments.
- Assessment of mental state at the time of crime can be contentious.
- Judges may differentiate between specific and basic intent crimes.
- Evaluating a defendant's mental state is crucial for understanding their actions.
- Battered woman syndrome can be used in self-defense cases.
- Transcultural psychiatry examines how cultural factors influence mental health.
- Jury bias can significantly impact trial outcomes.
- Courts have begun to recognize BWS as a legitimate factor in self-defense cases.
- Infanticide laws address cases where a mother kills her newborn child under specific circumstances.
- Postpartum mental health issues can significantly impact a mother's state of mind.
- Infanticide may be treated differently than other forms of homicide.
- Legal systems need to incorporate psychological understanding into their frameworks.

French to English

- L'intention criminelle, ou *mens rea*, est un concept fondamental en droit pénal.

- Elle fait référence à l'état mental d'un accusé au moment de la commission d'une infraction.

- Comprendre l'intention criminelle implique des définitions juridiques et des évaluations psychologiques.

- L'évaluation de l'état mental au moment du crime peut être controversée.

- Les juges peuvent différencier les crimes d'intention spécifique et d'intention générale.

- Évaluer l'état mental d'un accusé est crucial pour comprendre ses actions.

- Le syndrome de la femme battue peut être utilisé dans les cas de légitime défense.

- La psychiatrie transculturelle examine comment les facteurs culturels influencent la santé mentale.

- Le biais du jury peut avoir un impact significatif sur les résultats des procès.

- Les tribunaux ont commencé à reconnaître le syndrome de la femme battue comme un facteur légitime dans les cas de légitime défense.

- Les lois sur l'infanticide traitent des cas où une mère tue son nouveau-né dans des circonstances spécifiques.

- Les problèmes de santé mentale post-partum peuvent avoir un impact significatif sur l'état d'esprit d'une mère.

- L'infanticide peut être traité différemment des autres formes d'homicide.

- Les systèmes juridiques doivent intégrer la compréhension psychologique dans leurs cadres.

English to French

- The relationship between neighborhoods and the perpetuation of poverty is complex.

- Neighborhoods significantly influence crime rates through various socio-economic factors.

- High levels of poverty and social marginalization often lead to elevated crime rates.

- Communities with concentrated poverty face numerous challenges.

- Economic disadvantage can lead to increased criminal activity.

- High unemployment rates are closely linked to higher crime levels.

- Social isolation and lack of community cohesion play a crucial role in crime rates.

- Social isolation weakens informal social controls.

- Neglect and insecurity in poorly maintained public spaces contribute to crime.

- Environmental degradation can signal a lack of investment from local authorities.

French to English

- La relation entre les quartiers et la perpétuation de la pauvreté est complexe.

- Les quartiers influencent de manière significative les taux de criminalité à travers divers facteurs socio-économiques.

- Des niveaux élevés de pauvreté et de marginalisation sociale conduisent souvent à des taux de criminalité élevés.

- Les communautés confrontées à une pauvreté concentrée font face à de nombreux défis.

- Les désavantages économiques peuvent entraîner une augmentation de l'activité criminelle.

- Les taux de chômage élevés sont étroitement liés à des niveaux de criminalité plus élevés.

- L'isolement social et le manque de cohésion communautaire jouent un rôle crucial dans les taux de criminalité.

- L'isolement social affaiblit les contrôles sociaux informels.

- La négligence et l'insécurité dans les espaces publics mal entretenus contribuent à la criminalité.

- La dégradation de l'environnement peut signaler un manque d'investissement de la part des autorités locales.

English to French

- Organized crime and corruption are complex phenomena that have evol ved over time.

- This article explores the historical development of organized crime.

- Organized crime has roots that trace back centuries.

- The Sicilian Mafia began to solidify its power in the 1860s.

- The prohibition of alcohol led to a significant rise in organized crime.

- Globalization facilitated the development of transnational crime networks.

- Many organized crime groups operate with a clear hierarchy.

- Organized crime groups engage in a wide range of illicit activities.

- Corruption is a hallmark of organized crime.

- Organized crime often employs violence as a means of enforcing loyalty.

- Organized crime evolved in response to socio-political conditions.

- The Chicago Outfit capitalized on illegal markets during the Prohibition Era.

- Transnational networks involve drug trafficking, human trafficking, and cybercrime.

- Organized crime groups often use bribery to protect their interests.

- Violence is used to enforce loyalty and eliminate competition.

- Environmental degradation can signal a lack of investment from local
authorities.

- High levels of corruption undermine democratic governance.

French to English

- Le crime organisé et la corruption sont des phénomènes complexes qui ont évolué au fil du temps.

- Cet article explore le développement historique du crime organisé.

- Le crime organisé a des racines qui remontent à des siècles.

- La mafia sicilienne a commencé à consolider son pouvoir dans les années 1860.

- La prohibition de l'alcool a entraîné une augmentation significative du crime organisé.

- La mondialisation a facilité le développement de réseaux criminels transnationaux.

- De nombreux groupes de crime organisé fonctionnent avec une hiérarchie claire.

- Les groupes de crime organisé se livrent à un large éventail d'activités illicites.

- La corruption est une caractéristique du crime organisé.

- Le crime organisé utilise souvent la violence comme moyen d'imposer sa loyauté.

- Le crime organisé a évolué en réponse aux conditions sociopolitiques.

- Le Chicago Outfit a capitalisé sur les marchés illégaux pendant la Prohibition.

- Les réseaux transnationaux impliquent le trafic de drogue, la traite des êtres humains et la cybercriminalité.

- Les groupes de crime organisé utilisent souvent la corruption pour protéger leurs intérêts.

- La violence est utilisée pour imposer la loyauté et éliminer la concurrence.

- La dégradation de l'environnement peut signaler un manque d'investissement de la part des autorités locales.

- Des niveaux élevés de corruption minent la gouvernance démocratique.

English to French

- Victimology is a specialized field within criminology.

- It focuses on the study of victims of crime and their relationships with offenders.

- The term "victimology" was first coined by Benjamin Mendelsohn in 1947.

- Early victimologists explored the dynamics between victims and offenders.

- Victim precipitation is a concept suggesting that a victim's actions may contribute to their victimization.

- The focus shifted from victim blame to understanding the needs of victims by the 1970s.

- Victimization refers to the process through which individuals experience harm due to criminal acts.

- Vulnerability describes conditions that may increase an individual's risk of becoming a victim.

- Primary victims directly experience harm from a crime.

- Secondary victims are indirectly affected by a crime, such as family members or witnesses.

- Empirical studies analyze specific cases to understand patterns of victimization.

- Victims often experience emotional and psychological effects following a crime.

- Post-traumatic stress disorder (PTSD) is common among victims.

- Adjustment disorders can affect victims as they struggle to cope with changes post-victimization.

- Victimology examines how the criminal justice system addresses victims' needs.

- Victim rights legislation aims to protect victims during legal proceedings.

- Support services assist victims financially and emotionally.

- Interdisciplinary approaches integrate insights from psychology, sociology, law, and public health.

- Emerging forms of victimization include cybercrime and human trafficking.

- Victim precipitation theory suggests victims may play a role in their own victimization.

French to English

- La victimologie est un domaine spécialisé de la criminologie.

- Elle se concentre sur l'étude des victimes de crime et de leurs relations avec les délinquants.

- Le terme "victimologie" a été inventé pour la première fois par Benjamin Mendelsohn en 1947.

- Les premiers victimologues ont exploré la dynamique entre les victimes et les délinquants.

- La précipitation de la victime est un concept qui suggère que les actions d'une victime peuvent contribuer à sa victimisation.

- Dans les années 1970, l'accent s'est déplacé du blâme de la victime vers la compréhension des besoins des victimes.

- La victimisation fait référence au processus par lequel les individus subissent un préjudice en raison d'actes criminels.

- La vulnérabilité décrit les conditions qui peuvent augmenter le risque qu'une personne devienne victime.

- Les victimes primaires subissent directement le préjudice d'un crime.

- Les victimes secondaires sont indirectement affectées par un crime, comme les membres de la famille ou les témoins.

- Les études empiriques analysent des cas spécifiques pour comprendre les modèles de victimisation.

- · · Les victimes éprouvent souvent des effets émotionnels et psychologiques après un crime.

- Le trouble de stress post-traumatique (TSPT) est fréquent chez les victimes.

- Les troubles d'adaptation peuvent affecter les victimes alors qu'elles luttent pour faire face aux changements après la victimisation.

- La victimologie examine comment le système de justice pénale répond aux besoins des victimes.

- La législation sur les droits des victimes vise à protéger les victimes pendant les procédures judiciaires.

- Les services de soutien aident les victimes financièrement et émotionnellement.

- Les approches interdisciplinaires intègrent les connaissances de la psychologie, de la sociologie, du droit et de la santé publique.

- Les formes émergentes de victimisation comprennent la cybercriminalité et la traite des êtres humains.

- La théorie de la précipitation de la victime suggère que les victimes peuvent jouer un rôle dans leur propre victimisation.

ABOUT THE BOOK

This book explores innovative methods for teaching foreign languages through the lens of criminology. By integrating bilingual topics within the discipline, it provides a unique approach to language learning that not only enhances linguistic skills but also deepens cultural and criminological understanding. This interdisciplinary strategy offers learners an immersive experience, bridging language and criminological studies for a more holistic educational journey.

Ce livre explore des méthodes innovantes pour enseigner les langues étrangères à travers le prisme de la criminologie. En intégrant des sujets bilingues au sein de la discipline, il propose une approche unique de l'apprentissage des langues qui non seulement améliore les compétences linguistiques, mais approfondit également la compréhension culturelle et criminologique. Cette stratégie interdisciplinaire offre aux apprenants une expérience immersive, faisant le pont entre les études linguistiques et criminologiques pour un parcours éducatif plus holistique.

www.ingramcontent.com/pod-product-compliance
Lightning Source LLC
Chambersburg PA
CBHW071509220526
45472CB00003B/963